U0747452

高等教育陶瓷艺术设计系列教材

陶瓷修复工艺技术

孙晓岗◎主 编

中国纺织出版社有限公司

内 容 提 要

陶瓷修复是一门传统手工技艺，伴随人们审美意识的变化，这门手工技艺渐渐融入现代陶瓷制作和设计中。

本教材从陶瓷修复工艺与技术入手，系统介绍了陶瓷修复的发展概况和修复技艺。教材内容以陶瓷修复过程中的实际案例为素材，总结修复经验，集中整理介绍了多种修复方法，系统介绍了陶瓷修复的历史与修复过程中的遵循原则，并对修复工艺所使用工具与材料、修复步骤进行了详细解读，方便教师教学与学生学习。

本教材对陶瓷修复爱好者、专业师生以及从事陶瓷修复研究者均有一定的参考价值。

图书在版编目（CIP）数据

陶瓷修复工艺技术 / 孙晓岗主编 .-- 北京：中国纺织出版社有限公司，2020.11（2024.10 重印）

高等教育陶瓷艺术设计系列教材

ISBN 978-7-5180-7970-4

Ⅰ．①陶… Ⅱ．①孙… Ⅲ．①古代陶瓷—器物修复—高等学校—教材 Ⅳ．①G264.3

中国版本图书馆 CIP 数据核字（2020）第 196596 号

策划编辑：华长印　　　责任编辑：华长印　刘美汝
责任校对：楼旭红　　　责任印制：何　建

中国纺织出版社有限公司出版发行
地址：北京市朝阳区百子湾东里 A407 号楼　邮政编码：100124
销售电话：010 — 67004422　传真：010 — 87155801
http：//www.c-textilep.com
中国纺织出版社天猫旗舰店
官方微博 http://weibo.com/2119887771
北京华联印刷有限公司印刷　各地新华书店经销
2020 年 11 月第 1 版　2024 年 10 月第 3 次印刷
开本：710×1000　1/16　印张：8
字数：76 千字　定价：59.80 元

凡购本书，如有缺页、倒页、脱页，由本社图书营销中心调换

高等教育陶瓷艺术设计系列教材编委会

（排名不分先后）

主　编： 孙晓岗

委　员： 梅国建　詹　嘉　秦方奇　孙晓岗　章　星　王　雨

王庆斌　陈　涛　孔相卿　黄　胜　孙振杰　吴鸿昌

李银广　刘晓明

序

陶瓷是系统、全面地集传统文化和手工技艺为一体的艺术形式，是中华文化的重要组成部分。为了传承和发展传统技艺，现在很多高等院校都设置了陶瓷艺术设计专业，目的就是弘扬发展传统文化、传统工艺技艺。如何使传统文化创造性转化、创新性发展，是编撰本套系列教材的初衷和目的。

"高等教育陶瓷艺术设计系列教材"的丛书编写委员会由全国高等院校中陶瓷艺术设计专业教学一线的专家组成，负责制定教材的结构、体例和编撰要求。教材是否能够列入"高等教育陶瓷艺术设计系列教材"中需要经过编辑委员会专家的评审。各分册主编和编撰者大都由全国著名的陶瓷艺术设计专业教师组成，他们思想开放、精力充沛、功底扎实、技艺精湛。

本套教材以全新的编写理念，发挥每位主编的优势，打破传统教材编撰模式。教材不是强硬地将知识浓缩与再现强化对学生进行灌输，而是引导学生认识自我价值，树立历史观、民族观、国家观、人生观、文化观。教材的编写注重教师与学生沟通模式构建，使学生融入到教学实践当中，提高思考能力、动手能力和创新能力。

教材质量对学生熟练掌握陶瓷艺术的基础知识、审美意识、创新能力起着直接影响。教材的内容力求向学生提供陶瓷艺术设计专业的学习方法，展现传统文化的优越性，激发学生的创新和创造意识，提高学生的学习兴趣和鉴赏水平。

另外，本套教材将陶瓷艺术与艺术学、材料学、机械学、社会学、文学、考古学、民俗学的关系进行详细梳理，打破传统的学科束缚，呈现理论学习和实践能力相融合。

本套教材的出版，希望能为我国高等院校陶瓷艺术设计专业的人才培养产生积极的推动作用；对我国高等院校陶瓷艺术设计专业课程体系的构建产生一定影响。

孙晓岗

2020 年 5 月

前言

陶瓷因其悠久的历史与独特的文化性，被视为人类文明的象征与重要的文化符号，它的诞生体现了我们先民卓越的思维与才华。从最早出现的被认为是人类进入新石器时代标志的陶器，到秦汉时期诞生的瓷器，从隋唐时期瓷器"南青北白"的发展趋势，到宋代五大名窑的彻底爆发，再到明清时期陶瓷装饰方式的不断多元以及工艺技法的复杂多变。可以看出，陶瓷的发展体现着人类文明的进步，陶瓷文化已成为人类历史文化艺术宝库中的一颗耀眼的明珠。

人类文明发展至今，遗存有数量巨大的陶瓷器物，或有代表人类生产文明的彩陶，或有皇家御用的官窑器物等，更有大量的民间使用的生活器皿。这些器物往往因为时代变迁、自然因素、人为因素等影响，会存在或多或少的缺陷与破损，影响其使用功能或艺术文化价值。陶瓷修复就是将这类器物还原其本来面貌，修复其残缺。通过修复，也可以达到慰藉使用者，满足纪念意义、艺术价值甚至可以继续使用的目的。

陶瓷器物由土而来，因火而生，因其烧制温度与制作材料上的不同而分为陶器与瓷器。陶器的原料主要为黏土，烧制温度较低，胎体具有多孔性，受环境影响较大，所以破损率比较高；瓷器的主要原料是瓷土，烧制温度高，质地坚硬致密、釉面光滑，不易吸水，受环境影响较小，其损坏多为机械性损伤。两者都是以天然硅酸盐为原料通过高温烧制而成的器物，硅酸盐主要是由酸性氧化物和碱性氧化物相结合而产生的，在自然界中存在十分广泛，因此硅酸盐作为原料赋予了陶瓷器物一定的硬度与稳定的化学性质和较强的耐火性，但在受到特殊环境的影响和机械外力的作用下极易产生损坏。

陶瓷修复的出现满足了人们对于器物恢复的愿望，还原器物价值。陶瓷修复工艺体现着我们对于历史的尊重，对于文化的态度，也有助于提升我们对于过往的认知，弥补我们对于器物破损的遗憾之情。

本书主要介绍了考古修复、陈列修复、陶瓷金缮工艺与锔瓷工艺等陶瓷修复的方法，同时涵盖了陶瓷修复的历史和意义，以及多种修复材料、修复工具的介绍等内容。通过对本书的学习，可以基本掌握陶瓷不同的修复工艺与技术，并能够根据不同器物，选用不同的修复材料，完成破损器物的修复。

孙晓岗

2020 年 8 月 1 日

目 录

第一章

综述

第一节　陶瓷修复历史

陶瓷修复出现的历史比较久远，具体产生的年代暂时无从考证。但在古代陶瓷遗迹中可以发现，陶瓷修复工艺技术已经伴随着陶器的烧造而出现，最早可追溯到战国时期或更早的新石器时代。甘肃省博物馆藏兰州市王保保城出土的条纹带盖彩陶罐，在出土前已破损并被修复过，其破损残片的边缘均匀地排列着人工钻孔的痕迹，这就表明当时人们就已经开始尝试利用钻孔、穿绳系扎，从而固定复原器物，达到继续使用的目的（图1-1）。同时，在其他博物馆中我们还可以发现历史上各个时期都有利用其他材料对陶瓷残缺部位进行配补修复的现象。如利用紫檀、花梨等珍贵木材补缺，用镶金、贴金、包金、包银等饰金银手段补缺的修复方式，不但实用而且兼具装饰功能。

由于古代文献中，向来比较忽视关于手工技艺的记载，所以我们很难在文献中找寻修复工艺的起源。宋代张择端的《清明上河图》中已经出现锔瓷画面，可能是最早修复陶瓷的图像资料（图1-2）。明代著名的医药学家李时珍（1518年~1593年），于明万历六年（1578年）编写的《本草纲目》，在介绍"金刚石"时有这样的描述："其砂可以钻玉补瓷，故谓之钻。"

图1-1　条纹带盖彩陶罐　马家窑文化
兰州市王保保城出土　甘肃省博物馆藏

图1-2　宋代张择端《清明上河图》（局部）

这里所述的补瓷就是锔瓷工艺，而金刚石则是锔瓷工艺中不可或缺的钻孔材料。

1615 年根据意大利传教士利玛窦（Mathew Ricci，1522 年～1610 年）的意大利文日记整理出版的《利玛窦中国札记》中记录有关于锔瓷工艺的内容和艺人照片（图1-3）。清代法国传教士殷弘绪（D. Entrecolles，1664 年～1741 年）的书简中也有关于清初景德镇锔瓷匠人作业工序的详细描述（图1-4）。此外，清代蓝浦编撰的《景德镇陶录》卷八（图1-5）有关于陶瓷黏结修复方法描述道："粘碗盏法，用未蒸

图 1-3　锔瓷艺人

图 1-4　民国锔瓷匠人

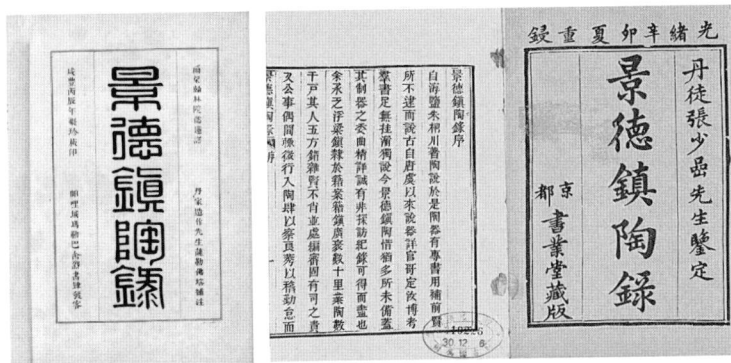

图 1-5　清代《景德镇陶录》

熟面筋入筛，净细石灰少许，杵数百下，忽化开入水，以之粘定缚牢，阴干。自不脱，胜于钉钳，但不可水内久浸。又凡瓷器破损，或用糯米粥和鸡子清，研极胶粘，入粉少许，再研，以粘瓷损处，亦固。"

　　明清时期各种陶瓷修复方式的大量出现与当时古陶瓷收藏与商业买卖有着密切关系。人们会尝试利用各种修复技法，尽可能地修复更多的破损古陶瓷器物，这时期的古陶瓷修复工艺技术也因此得到了很大的发展，各种修复工艺技术在民间广泛流传使用。但是，相比之下传统锔瓷工艺还是使用最为广泛（图1-6）。如乡村经常可以看到挑着担子修复陶瓷，锔水缸、面盆的匠人。

　　时至今日，陶瓷修复技艺在不断传承革新和发展着，但无论是哪种修复工艺，哪种修复材料，目的都是为保护和还原一件器物，修复破碎，重拾记忆。

图1-6　锔瓷盖罐

第二节　陶瓷修复原则

陶瓷修复一般是希望通过修复复原原本破损的陶瓷器物，达到欣赏研究与再次使用的目的，博物馆陈展一般采用石膏修复（图1-7）。陶瓷器物的修复不是一项单纯的技艺，它要求修复者应当具备一定的审美能力，并且掌握雕塑、造型、色彩、绘画等技能，除此之外，还要了解不同类型化学物品的性能和使用方法（图1-8）。也可以在修复过程中，根据不同的需求修复目的，针对不同的陶瓷品种、器物，选择合适的修复方式，甚至二次加工，确定相宜的修复方案，使被修复的器物以另一种艺术形式展现在人们面前（图1-9）。

陈展修复陶瓷标本多为价值较高的文物，具有一定的研究价值和欣赏价值。所以在对此类古陶瓷器物进行修复时，需严格遵守文物修复原则。在实施修复过程中必须遵从其原貌，避免损伤，使用的材料必须做到相容性与稳定性。反对修复者的主观臆造，随意加工改变。修复中的每一道工艺都要做到合情合理，有据可查，做到最小干预。修复后的器物不可改变本来面貌，保证修旧如旧，反对修旧如新，同时修复后的器物应当具有再修复的可能性（图1-10）。

在修复古陶瓷器物前，修复者首先应当需要掌握器物的背景信息和文化价值，对器物的材质、受损情况也需要做全面的评估，每件器物都需要记录存档，存档项目应包含：器物的名称、来源、尺寸、完损状况、修复要

图1-7　补色修复汝瓷深腹洗
宋代　清凉寺汝窑博物馆藏

图1-8　金缮修复茶盏

图 1-9 锔瓷茶杯

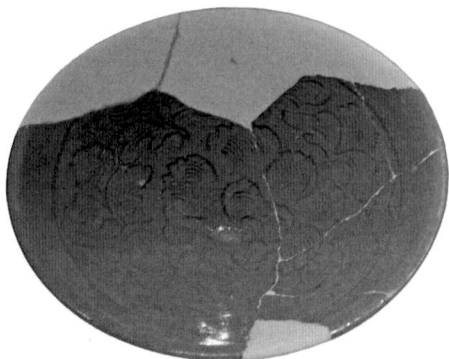

图 1-10 石膏修复青瓷刻花牡丹纹盏 北宋
2015 年清凉寺汝官窑遗址 IV 区出土 清凉寺汝窑博物馆藏

求等。其次，撰写修复方案。修复古陶瓷器过程中，还需对所使用的材料和工艺有所记录，除文字材料外，影像资料也需贯穿整个修复过程。

在学习古陶瓷修复时，我们首先需要了解各种保护修复材料的性能、特点，选择修复材料时，尽量选择具有可逆性并且对器物本身影响最小的，不与其胎、釉发生反应造成二次伤害的材料，做好保护的同时完成修复。进而针对器物存在的问题制定修复方案，在确保文物器物安全的前提下，最大限度地复原破损的陶瓷器标本，最后在完成修复时能够基本识别出修复部分与原器物造型和色泽的差异（图 1-11）。

图 1-11 陶瓷修复标本

此外，还有一些陶瓷修复是以欣赏与二次使用为目的，这类器物也要利用合适的材料和技术恢复器物的完整造型，而后追求提升艺术美感的外观效果。

总而言之，对于陶瓷器物的修复应当做到小心翼翼，因为陶瓷易破碎，器物在提取和修复过程中切勿碰撞，避免二次伤害。在对修复方式的实践中也要逐渐更新修复工艺和材料，使修复技术不断完善。

陶瓷的修复工艺，体现着我们对于历史的尊重，对于美好的追求。修复一件器物，是在讲述一段过往的历史记忆，也是在创造一件美好的艺术作品。

第三节　陶瓷修复类型与方法

陶瓷修复的类型主要包括：考古修复、陈列修复与商业修复。

考古修复又称研究修复，主要是指对破损瓷器进行拼缝、缺失补缺，同时保留修复痕迹的修复方式。考古修复后的器物能够使观者轻易地分辨出原器物与修复部分，这种修复方法需完全忠实于原物。考古修复使用的主要是石膏等对瓷器无损伤的修补材料（图1-12）。

陈列修复是为方便人们对古陶瓷有更加直观的了解，在研究修复的基础上，修复者们对补缺部分进行上色，做旧等处理，使器物从外表上尽可能恢复原本面貌。而这种修复依旧秉承着保护瓷器的原则，其修复部分与原瓷还会有一定差异，仔细观察还可以分辨出修复痕迹与修补部分（图1-13）。

商业修复是指利用各种修复手段，尽可能地淡化修复痕迹，达到修复器物与原器物无异的效果。商业修复主要目的是为商业交易而采取的修复手段，修复原则并无特定的标准，修复者在修复过程中很容易修旧如新，或造成第二次破坏，所以目前并不被大众所使用。

此外，陶瓷修复方式中还有利用大漆金缮、锔钉等工艺修复陶瓷器物

图1-12　石膏修复"福"字梅瓶
白瓷　宋代　清凉寺汝窑博物馆藏

陶瓷修复工艺技术

的传统技艺（图1-14）。一般不在陈展修复中使用，主要用于商业或个人爱好需求使用。

虽然陶瓷修复的方法有很多种，但在修复器物之前，还是应当充分考虑器物的特性。结合实际，根据需求和个人爱好，选择合适的修复方式，制定相宜的修复方案。

图1-13　补色修复汝瓷盆　宋代　清凉寺汝窑博物馆藏

图1-14　金缮修复葵口盏

第四节　修复环境

陶瓷修复是一项对环境要求较高的工作。所以，在建立修复工作室时应当设立明显的功能分区，配备必要的修复工具与设备，打造良好的修复环境（图1-15）。

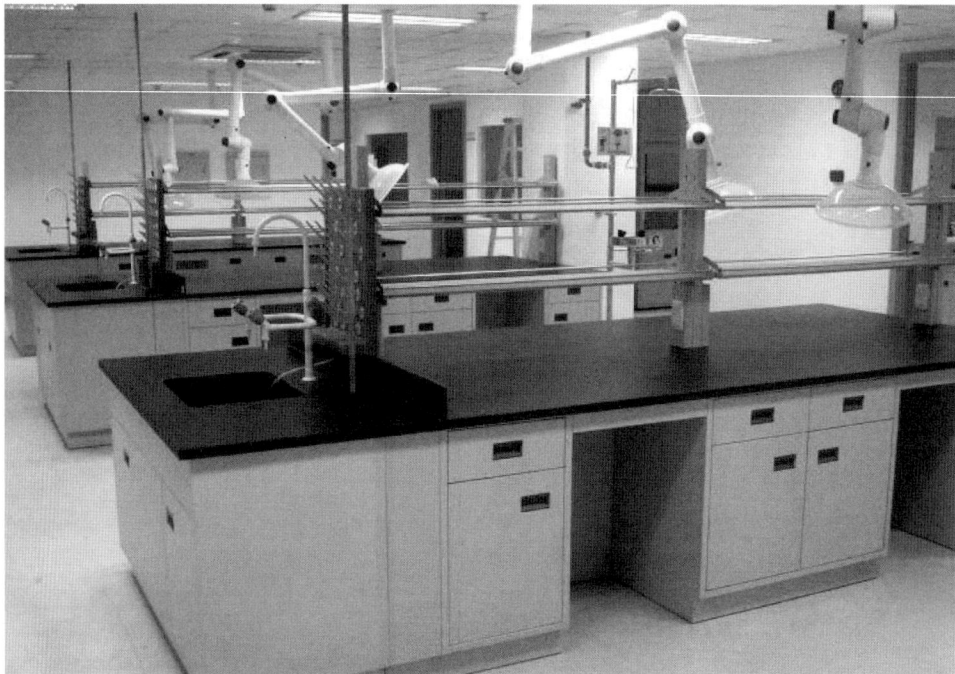

图1-15　修复实验室

陶瓷修复室的功能分区主要依照修复步骤来设立，各功能分区之间应当相互联系而又相对独立，尽可能做到干湿分离，有条件的最好设置恒温室，便于存放修复标本（图1-16）。

室内配置修复工作中使用的工作台、工作椅、柜架等，同时设置文物储藏柜、箱，用于贮存待修复和修复中的文物，以及修复工作中所必需的化学试剂和化学溶剂等物品。

陶瓷修复所使用的化学药品要做特殊管理，易燃材料切勿大量集中存储，

图 1-16　重复恒温恒湿间

使用后未用尽的材料应及时回收，废弃材料要妥善处理，避免造成危害。所有使用的化学药品应当标记好信息标签，化学药品存放处设置危险警示标志。

修复室应做好安全防护措施，安装防火、防盗自动报警装置。室内所有设备、工具的安置与摆放也应当考虑到安全性与合理性，同时又方便日常修复工作的开展。

陶瓷修复环境一般需要有良好的采光，因为修复的各项步骤都需要较好的光线才能顺利开展。修复室内还应做好通风与除尘，时刻保持室内干净整洁，避免对修复器物表面与修复人员健康造成影响（图 1-17）。修复室内温度需控制在 15℃~25℃，相对湿度控制在 50%~70%，温度与湿度过高或过低都会影响器物修复材料的使用效果。

修复工作室内也可以根据实际工作需求配备电脑等仪器设备，便于研究资料的查阅与相关知识的学习。

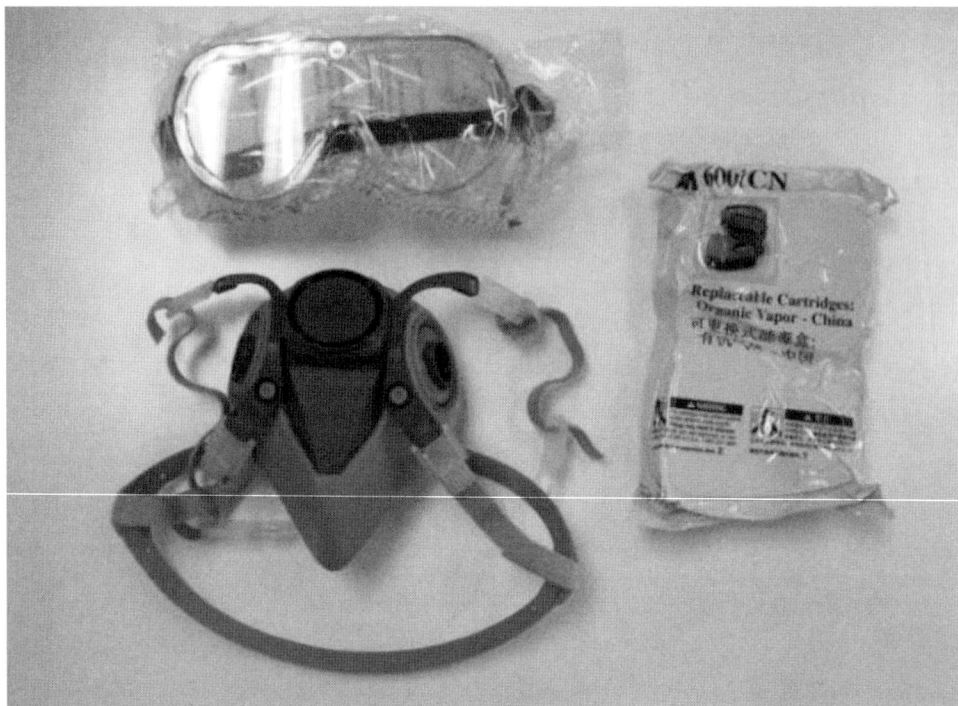

图 1-17　除尘防毒面具

课后思考及作业

思考：

1. 陶瓷修复的出现历史比较久远，针对不同的器物，所采用的修复方式也并不相同。思考陶瓷修复出现的原因，不同修复方式产生的背景与意义。

2. 陶瓷修复遵循一定的原则，结合实际修复案例，试述这些原则存在的原因与特点。

3. 针对诸多修复类型，分析各类型的共性与特殊性。

4. 考虑修复环境对修复工作的影响，现存修复环境是否有必要改进？改进的方向与内容主要有哪些？

作业：

1. 查找文献资料中对于陶瓷修复的相关记载。

2. 研究国内外陶瓷修复现状，撰写一篇研究报告。

第二章

考古与陈列修复

我们这里所讲的古陶瓷修复方式主要包括考古修复与陈列修复。这两种修复方式具有一定的共性，两种修复方式的步骤有一定的一致性，对古陶瓷器物基本没有伤害性，满足外观完整性的同时保留了修复痕迹，是文物机构、博物馆等单位主要采用的修复方式。

第一节 修复工具与材料

一、工具及设备

（一）陶瓷修复常用的工具及设备

陶瓷修复常用的工具及设备如表 2-1 所示。

表 2-1 陶瓷修复工具一览表

类型	工具及设备名称	用途
检查工具	放大镜、显微镜、紫外荧光灯	古陶瓷器物的检查
清洗工具设备	尼龙刷、牙刷、抹布、纸、超声波清洗器、蒸汽清洗器	古陶瓷器物、瓷片的清洗
拆分工具设备	手术刀、锥子、橡胶锤、电钻	拆分器物
测量工具	直尺、三角尺、曲线尺、卷尺、圆规、电子秤	测量绘图、记录存档
塑形工具	雕塑刀、调刀	
翻模工具	橡皮碗、调刀	翻模石膏调制
固定工具	胶带、热熔胶、绳子、夹子、橡皮筋、沙盘	黏结后的器物加固
打磨工具	手术刀、美工刀、木锉刀、锯条、微型电磨、砂纸	修复器物的打磨修饰
上色工具设备	毛笔、油画笔、调色瓷板、喷枪及气泵	器物修复表面上色
烘干加热工具设备	酒精灯、电吹风、干燥箱	修复后器物烘干
其他	玻璃器皿（化学试剂、颜料存放）、研磨器、搅拌棒、转盘（放置器物）、冰箱冰柜（黏结剂等化学试剂存放）、照相摄像设备（修复过程记录）等	

陶瓷修复工艺技术

（二）部分常用工具及设备介绍

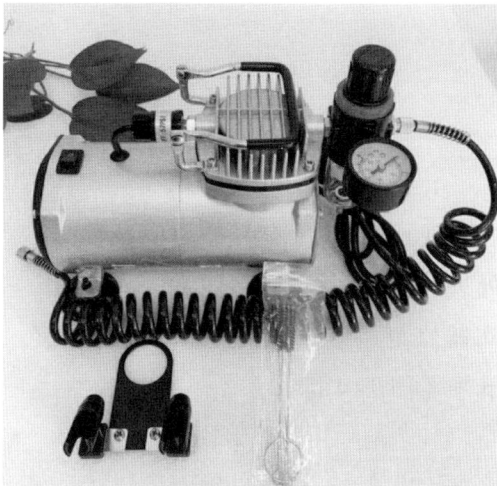

图 2-1　气泵

1.气泵

现在市场上气泵品种比较多，有大型、小型，教学科研可以根据自己的需求购置，陶瓷修复一般选用小型气泵即可（图2-1）。

2.喷枪

喷枪也有大型、小型之分，陶瓷修复一般选用小型喷枪即可（图2-2）。也可以用牙刷、硬排笔、刷子、海绵、棉花、棉签代替涂抹、喷洒做出效果。

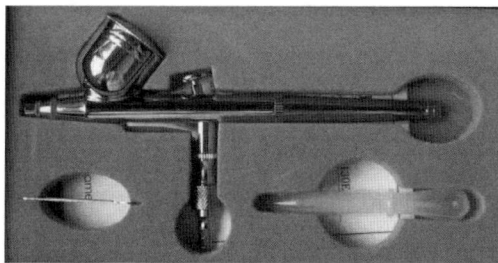

图 2-2　喷枪

3.石膏

市场上石膏品种很多，有工业用、医用、粗细、软硬之分。陶瓷修复用量不大，一般购买医用石膏。特点是速硬、怕潮，一次性不要购买太多，不然受潮会造成浪费（图2-3）。

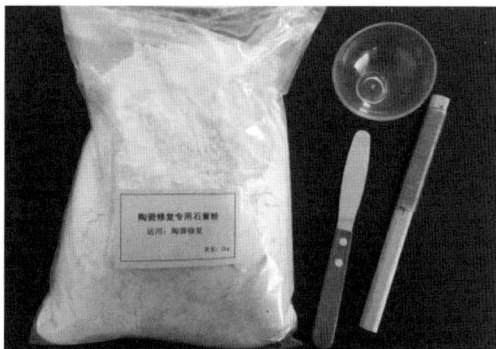

图 2-3　陶瓷修复专用石膏

图 2-4　黏合剂热熔胶

4. 黏合剂

现代黏合剂，主要是应急修复处理使用，缺点是黏性大，对疏松陶器修复可能造成损害，脱胶比较麻烦（图 2-4）。

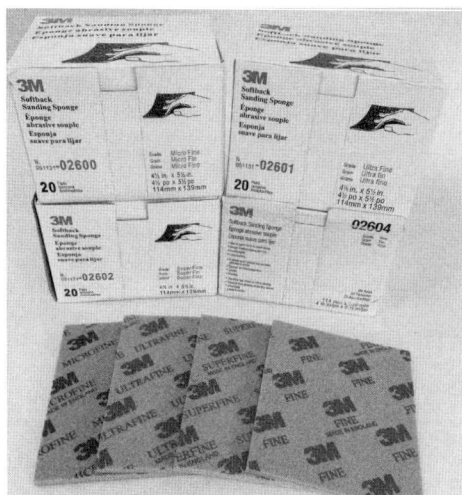

图 2-5　砂纸

5. 砂纸

砂纸品种繁多，价位不一，有粗细、金刚砂、水砂之别。金缮一般用细水砂，由粗到细打磨即可（图 2-5）。

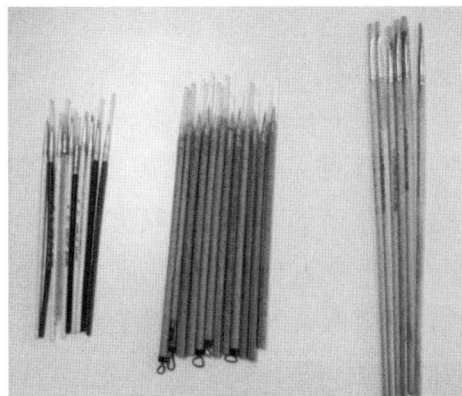

图 2-6　毛笔

6. 毛笔

毛笔有狼毫、羊毫，软硬之分。石膏修复要求不高，一般的毛笔都可用。金缮则需要羊毫，不掉毛的为佳（图 2-6）。

二、清洗剂

古陶瓷标本受出土环境、存放、人为、时间等因素影响，器物表面或多或少都会存在无法轻易去除的污垢（图2-7）。这些污垢主要分为有机物和无机物两大类：有机物包括碳水化合物、蛋白质、油脂、各类黏结剂等；无机物包括金属及其氧化物、盐类、非金属及其化合物等。所以在对器物清洁时应当根据不同的污垢使用相应的清洗剂。

图2-7 碗 汝瓷 宋代 宝丰汝窑博物馆藏

（一）酸性化学试剂

酸性化学试剂经稀释后主要用于清洗器物表面的碱性附着物，具有较强的腐蚀性，应当谨慎使用。比较常用的酸性清洗剂包括盐酸、硫酸等。

1. 盐酸

又称氢氯酸，为氯化氢的水溶液，无色透明，是具腐蚀性的强酸。使用浓度10%以下，主要用于清洁呈碱性的碳酸盐物质，以及清洁铜锈、铁锈等。

2. 硫酸

无色透明，油状液体，是具有强腐蚀性的氧化剂。硫酸需在稀释后使用，稀释浓硫酸时应将浓硫酸缓慢倾于水中并搅拌至所需浓度，主要用于清洁铁锈等。

3. 硝酸

强氧化性酸，对器物表面的金属氧化物有很强的溶解性。使用浓度10%左右，一般用于清洁盐酸无法溶解的金属氧化物和污垢。

4. 氢氟酸

氟化氢的水溶液，无色透明，具刺激性和强腐蚀性。使用浓度 1%~2% 左右，主要用于清洁硅类物质等。

5. 醋酸

又称乙酸，酸性较弱，无色透明，有刺激性醋味，可溶于水、乙醇、乙醚。使用浓度 5%~10%，主要用于清洁碳酸盐水垢等。

6. 柠檬酸

酸性较弱，使用时一般加热至 80℃~90℃，主要用于清洁金属氧化物如铜锈、铁锈等。

7. 其他

草酸、甲酸等。

（二）碱性化学试剂

碱性化学试剂主要用于清洗器物表面的酸性附着物，包括油脂类污垢等。

1. 碳酸钠

俗称苏打、纯碱，为白色粉末或细粒结晶，易溶于水，主要用于清洁油脂污垢。

2. 氢氧化钠

俗称烧碱，为白色固体，易溶于水、甘油、乙醇，对玻璃有腐蚀性，应使用塑料瓶密封保存，主要用于清洁动植物油脂。

（三）表面活性剂

表面活性剂主要包括肥皂与洗洁精。日常生活中比较常见，主要用于清洁器物表面的油污等。

（四）氧化剂

氧化剂主要作用于难溶于水溶液的污垢，使之发生氧化，从而去除污垢。

1.过氧化氢

俗称双氧水，弱酸性溶液，在光热作用下容易分解为水和氧，从而分解有机污垢，达到去污效果。

2.高锰酸钾

深紫色晶体，易溶于水，在水中生成二氧化锰并放出原子氧，能氧化污斑中的色素，有效去污。

3.次氯酸钠

易溶于水，强刺激性气味，具有较强的氧化性与漂白性能，能够轻易去除油脂、蛋白质类污垢。

（五）有机溶剂

1.乙醇

俗称酒精，无色液体，易燃易挥发，能与水及多种有机溶剂混合。用于溶解有机化合物和部分无机化合物，也可作清洁剂，清洗未固化的环氧树脂。

2.乙酸乙酯

又称醋酸乙酯，为无色液体，微溶于水，能与乙醇、乙醚、氯仿等互溶，易燃。主要用于清洗去除各种漆料和涂料，也可用做稀释剂。

以上材料在酸性、碱性洗涤剂在商城都可以买到，我们可以根据自己的需求使用。一般加清水用刷子或毛笔慢慢清洗，现在多使用超声波清洗机（图2-8）。

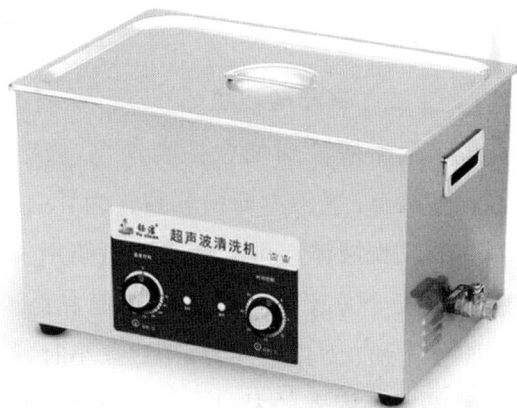

图 2-8 超声波清洗器

三、黏结剂

黏结剂又称胶黏剂，是一种具有很好黏合性能的物质。黏结剂的使用已经比较久远，人们最初是将骨胶、糯米、松香、淀粉等天然物质作黏结剂使用，并应用于古建筑墙砖的施工，弓箭等武器的黏合中。

陶瓷修复最初使用的也都是天然黏结剂，以虫胶和糯米胶为主。到了20世纪60年代，环氧树脂逐渐开始应用于传统修复，但部分环氧树脂因为极易发黄变色从而影响修复效果。直至20世纪90年代，才出现无色透明的环氧树脂，使得修复效果大为改善，并被广泛使用，是目前比较常用的黏结剂。

（一）环氧树脂

环氧树脂是含有环氧基团的树脂的总称，黏结强度较强，固化后收缩率小，有耐化学药品和电绝缘性好等特点。陶瓷修复中主要使用的环氧树脂产品是AAA超能胶，其固化速度快，适当加热至60℃情况下15分钟即固化，胶体无色透明，黏结对象广泛，无味、无毒、无刺激性，还具有防水、防酸、防减、耐低温等性能且持久耐用（图2-9）。

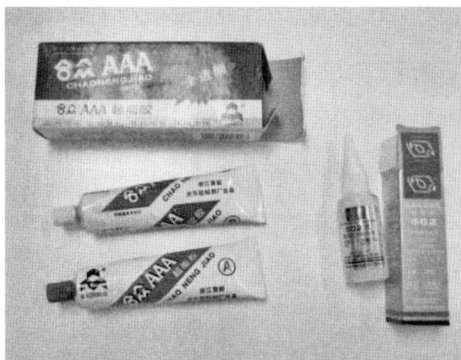

图 2-9　黏结剂

（二）聚醋酸乙烯酯

聚醋酸乙烯酯包括乳液型与溶剂型两类：乳液型即白乳胶，为乳白色的黏稠液体。可涂刷或浸渍使用，使用安全方便，价格低廉，但黏结牢度不强，固化条件为常温24小时，主要用于陶器的黏结或瓷器的暂时固定；溶剂型是将聚醋酸乙烯酯粉末溶于有机溶液后制成，也可作陶器的临时性黏结，但没有乳液型使用广泛（图2-10）。

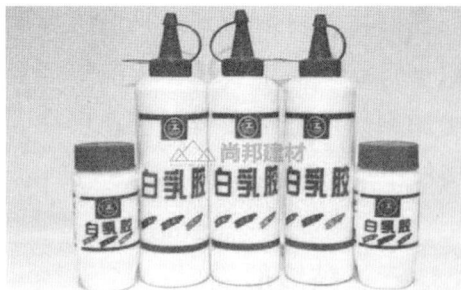

图 2-10　白乳胶

（三）丙烯酸酯

丙烯酸酯类黏结剂具有黏结强度高，在常温下即可快速固化等优点。丙烯酸酯类黏结剂中使用比较广泛的主要为 α-氰基丙烯酸酯，即 502 胶。使用时不用溶剂，无须加热，室温下可瞬间固化且强度很高。但因其固化速度快，在陶瓷修复中，并不适宜大面积黏合，主要用于较精致的小型瓷器或破碎严重、体积较小的瓷片黏结以及瓷器冲口的渗透加固。

四、上色介质

（一）胶

虫胶又名紫胶、紫草茸，是一种天然树脂，呈紫红色。是由寄生于虫胶树上的紫胶虫所分泌的分泌物凝结干燥而成。虫胶经精制后制成虫胶片，可溶于乙醇后制成虫胶漆。虫胶漆使用后能迅速干燥形成坚硬薄膜，抛光打磨后光亮平滑，但耐热性差。与矿物质颜料调和后，可用于陶器作色、瓷器打底等（图 2-11）。同类还有桃胶、骨胶、鱼胶等。

图 2-11　虫胶

（二）色料

古陶瓷器物的修复原则决定了在古陶瓷修复中所使用的颜料首先应当具有安全性。其次，应当考虑其修复使用后的耐久性与耐光性。所以在颜料的材料选择上应尽可能地选择无机颜料。

丙烯酸酯乳液是丙烯画颜料的介质，液态时为乳白色，干燥后形成无色透明、坚硬光亮的薄膜，耐久性好，适用于各种瓷器作色（图 2-12）。

图 2-12　马利丙烯颜料

五、配补材料

（一）石膏粉

石膏粉（硫酸钙 $CaSO_4$）为古陶瓷修补中常用的材料，色白质细，凝固时间短，可直接拌水后翻模注浆单独使用，也可搭配环氧树脂使用（表2-2、图2-13）。

表2-2 石膏配比

石膏粉	环氧树脂	效果	适用修补器皿
30%	70%	质细白，凝固后表面有光泽，可打磨上色	宜修补胎质细腻的古瓷器皿
50%	50%	质白，亚光	宜修补加彩或刻花的古瓷器皿
80%	20%	胎面较粗，有粒点	宜修补胎质白而厚的半陶瓷器皿

（二）二氧化硅

二氧化硅（硅石 SiO_2）又名牙托粉，天然的石英粉，成品是将石英石去除杂质后研磨成粉，经水漂或风漂后制成。质地坚硬耐磨，粉末细白，不溶于水及酸，可溶于碱溶液，需用环氧树脂调入凝固（表2-3、图2-14）。

表2-3 二氧化硅配比

二氧化硅	环氧树脂	效果	适用修补器皿
30%	70%	凝固后质地细腻，有光泽，略透明	宜修补质地细腻的瓷器及古瓷器上的小洞补缺
50%	50%	质地细滑但无光泽	宜修补胎白刻花或加彩古瓷器皿
80%	20%	凝固后质感洁白且硬滑	可修补玉石类文物

（三）滑石粉

滑石粉（硅酸镁 $Mg_3[Si_4O_{10}](OH)_2$）质白，有滑腻感，化学性质稳定。在古陶瓷修补中，常可将其添加入基料中，吸收材料的伸缩力，从而避免基料发生裂缝与空隙，也可与环氧树脂调和使用，不同搭配比例也会产生不同的效果（表2-4、图2-15）。

表2-4 滑石粉配比

滑石粉	环氧树脂	效果	适用修补器皿
30%	70%	凝固后与石膏粉的使用效果相同但相对坚硬	宜修补古瓷中胎质细腻的器皿

滑石粉	环氧树脂	效果	适用修补器皿
50%	50%	凝固后与石膏粉的使用效果基本相同，对比同样较硬	宜修补加彩或刻花的古瓷器皿
80%	20%	凝固后的质地比石膏粉的质感细滑	宜作为瓷质比较疏松、粗质陶瓷胎的器皿修补

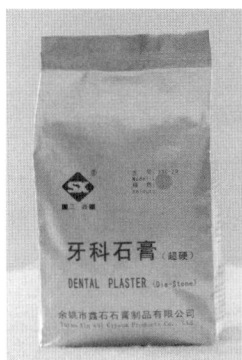

图 2-13　石膏粉

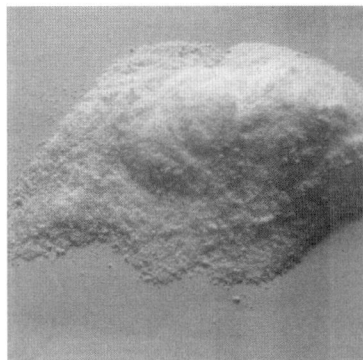

图 2-14　二氧化硅

图 2-15　滑石粉

第二节　修复步骤

一、检查与记录

（一）检查

开展古陶瓷器物修复时，我们应当首先确定器物的历史文化价值，了解与器物相关的文化背景。这就要求我们对每一件器物都要做深入的研究，查找相关文献资料，确定器物历史文化价值与文化背景，这个过程就是检查工作的首要内容。掌握器物的历史文化价值与文化背景之后，观察器物现状，判断器物真伪，再通过仪器检测等手段确定器物存在的缺陷类型（表2-5、表2-6）、受损范围及受损原因，并判断器物的胎釉状态，从而为之后修复方案的确定提供依据（图2-16）。

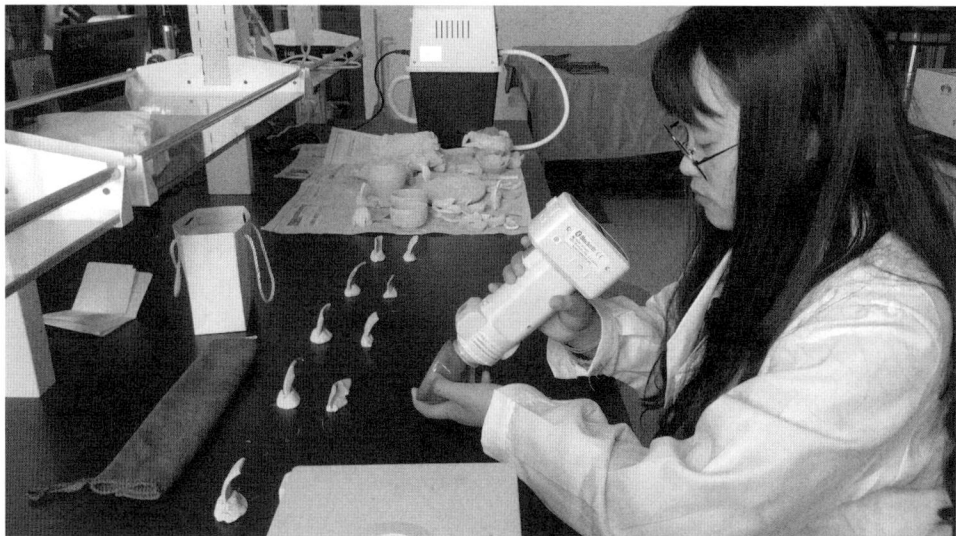

图2-16　检查

表2-5　陶瓷器分类及特点

类型	烧制温度	孔隙率	原料	特点
陶器	500℃～900℃	＞15%	黏土	质地较软、强度较低
釉陶器	750℃～800℃	＞10%	黏土	质地疏松、胎釉结合差
紫砂	1100℃～1200℃	3.3%～12%	紫砂料	透气吸水、胎质坚硬

类型	烧制温度	孔隙率	原料	特点
炻器	1150℃～1300℃	＞3%	黏土	胎体细密、强度较高
瓷器	1200℃～1300℃	＞0.5%	瓷土、高岭土	胎体细致、胎釉紧密、强度硬度最高

表2-6　陶瓷缺陷

缺陷类型	缺陷名称	缺陷描述
釉面缺陷	针孔	釉层表面呈现的针刺状小孔或泡状缺陷
	棕眼	胎釉呈现穿透釉层的孔眼
	釉泡	釉面上出现的破裂或闭合气泡
	溶洞	坯体内易熔物在烧制过程中熔融后形成的孔洞或凹坑
	釉裂	釉层表面出现的微细裂纹，裂纹过粗时也被称为"惊釉"
	剥釉	釉面出现的与器胎分离的裂纹
	缩釉	釉层表面聚集滚缩，形成局部无釉的现象，也称"滚釉"
	缺釉	釉面缺失，局部无釉
	橘釉	釉面呈橘皮状，又称"橘皮"
	波纹	釉面呈现波浪状纹样
	斑点	釉层表面呈现的非同色斑点状缺陷
	色脏	器物釉面呈现不应有的杂色现象
	彩色不正	釉面色彩花纹由于浓淡不匀或火候不够而产生的表面颜色不光亮现象
	烤花粘釉	烤花过程中器物釉面受污染现象
	阴黄	由于升温过快，还原气氛不足导致的器物发黄
	落渣	入窑烧制过程中釉面意外沾染在器物表面的杂质缺陷
器坯缺陷	变形	烧制过程中，器坯产生的扭曲变形
	生烧	烧制温度不够而形成的器坯缺陷
	过烧	烧制温度过高而形成的坯体变形或釉面起泡流釉的现象
	起泡	器坯胎体出现的鼓泡现象
	坯爆	坯体出现的开裂现象
	夹层	坯体中间出现分层的状况
	窑粘	器物坯体之间相粘连或与窑具相粘连形成的现象
	冲口	器物受外力影响造成的裂纹
	炸底	器物底部受外力影响造成的裂纹
	缺损	器物受外力影响而造成的表面缺失、凹坑、豁口等
	脱釉	器物表面釉层受各种原因影响而出现的脱落露胎现象

（二）记录

针对古陶瓷器物的修复，记录工作应当贯穿修复开展的整个过程。记录包括文字记录及图像记录。文字记录主要内容包括器物基本信息、器物败坏类型及程度、败坏原因分析、修复计划及方案等；图像记录主要内容为器物修复前三视图、修复过程、修复后效果等。

二、清洗与拆分

（一）浸泡清洗

清洗的主要目的是为去除陶瓷器物表面的杂质与异物，为陶瓷修复的顺利开展提供前期保障。

陶瓷器物中的陶器因为其材质的特殊性，在清洗过程中需格外注意，陶器的清洗方法主要分为干洗和湿洗两种。对于质地粗松酥散的陶器如彩绘陶、夹砂陶等，不能直接浸入水中清洗，水洗会使彩绘脱色，夹砂陶散架酥烂以致无法弥补。对于此类器清洗时一般采用干洗的方法处理。首先将器物表面的异物用棉球蘸酒精轻轻擦洗或用自制的牛角刮刀、金属利器将其剔除；对不易清除的附着物，则用吸入酒精、乙酸乙酯等化学溶剂的棉球，敷在附着物上使之酥软后清除。器物的拼接处特别要处理干净，以避免黏结时整件器物错位变形。对于胎质较硬的陶器或状况良好的瓷器可直接入水浸泡，浸泡后用毛刷、尼龙刷、棕刷直接洗涤器物；对于较难清除的附着物可以针对不同的污渍采用相应的清洗剂清洗。

器物清洗完毕后，可入水浸泡的需用清水洗净，晾干后拼接。清洗时除拼接处需彻底清除干净以便于黏合外，其他部分仅将附着物和污物清除，尽量保持其原来的面貌即可（图 2–17）。

（二）拆分

陶瓷修复的器物中也会存在原本已修复的器物，这类器物在修复前需要清除原有不适当的修复痕迹，这就是拆分的定义。

拆分器物前应当检查器物，确定器物之前所使用的修复材料，修复位置范围等。同时需做好防护工作，避免拆分过程中器物黏结处的突然散开。拆分可以采用机械方式、化学方式等多种方式进行，拆分对象主要包括：仿釉色层、填补材料、黏结剂、金属锔钉等。

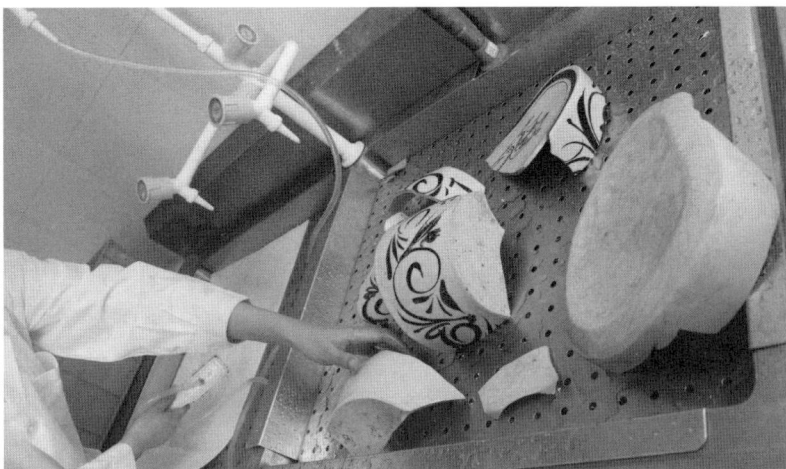

图 2-17　标本清洗

三、拼接与固定

（一）拼接

许多古陶瓷器物，由于年代久远，加之环境影响，出现破损严重的情况。这就需要通过拼接的方式利用黏结剂将原本破碎的碎片黏结拼合，恢复器物本来造型。这些器物的碎片或多或少，或大或小，拼接工作是陶瓷修复中最为费时费工的，一件器物的拼合黏结需几天、十几天甚至更多（图 2-18）。拼接过程中一般采用三种方法：

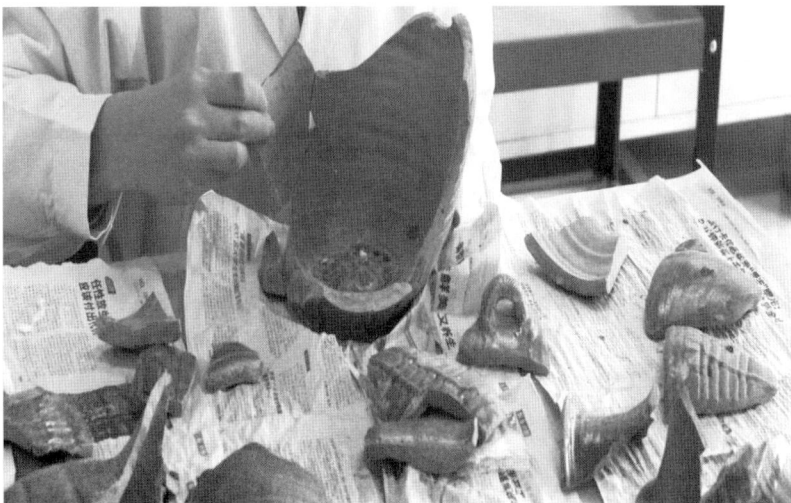

图 2-18　标本拼接

27

1. 由下至上拼合

由器物的底足开始，经腹部、颈部、口沿，一块一块逐步向上拼合黏结而成。

2. 由上至下拼合

由器物的上部口沿开始，经颈部、腹部至底足，完成各部分的拼合黏结。

3. 局部拼接

对破损严重，块数较多的器物，可先将器物碎片按口沿、腹、颈部、底足进行分类，分别由小而大逐块拼合。对于破碎特别严重的碎片还可以逐步编号，按编号顺序逐块拼接。最后整体拼合黏结成器。

碎片拼接处的黏结方式根据不同材质的器物可采用不同的黏结方法，黏结方法主要分为两种：

（1）先固定器物，然后在器物碎片连接处施胶。

（2）找到可拼接碎片后，先在碎片连接处施胶，然后拼合。

（二）固定

拼接后的器物由于黏结剂的黏结效果还未达到，黏结后的器物需设计好合适的固定方式，避免固化前器物位移脱落。固定的方式可以采用胶带、沙盘、热熔胶、绑绳、夹子、皮筋等。固定后的器物在等待一定时间后，保证黏结剂已固化，方可拆除固定物或取出拼接物品。

四、配补

为展现器物的完整效果，器物在拼合黏结后还需对残缺部位做配补复原处理，器物的补缺一定要有根有据，不可主观臆造。

目前,陶器的配补一般采用的材料主要为石膏（模型石膏或医用石膏）。修复残缺处使用白色石膏处理，可以使补缺处与原器物有明显的区别。对于需展览陈列的器物，为使视觉上与原器物更接近，也可在石膏粉内掺入适当的矿物质颜料作调色剂，使补缺处与原器物颜色光泽更加相近，增加陈列展示的艺术效果。

瓷器的配补补缺比陶器补缺的要求相对更高。要做到更好的修复效果就需要被修复部分同样达到瓷器的标准，如敲击的金属声以及玻璃质感的釉面等。古瓷器为防止炸裂等情况出现，一般在补缺时不会选择回炉再烧，主要采用冷补方式，即用瓷粉或石粉加黏结剂调和补缺材料，再用石膏翻模取模造型，获得配补件再黏结补缺（图2-19）。

图 2-19　配补

配补的主要方式包括填补、模补、塑补三类。填补所针对的是缺处面积较小的器物，配补时可以直接将配补材料填入缺处；模补是通过翻模倒模的方式复制缺失部分，再将填补材料倒入模具内，待材料固化后即为翻制出的缺失部分；塑补是三种方式中难度相对较大的一种，主要是通过手工方式塑造缺失部分，这对修复者的雕塑能力会有一定的要求（图2-20）。

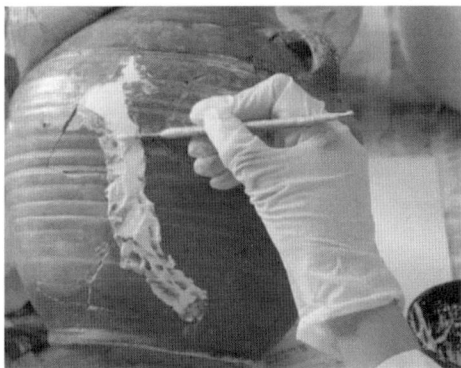

图 2-20　修整

（一）石膏填补步骤

（1）准备定量的石膏与橡皮碗，按需调制。首先向碗内注入一定量的水，再加入石膏，将石膏粉均匀地撒入水中，以水浸没石膏为准，用不锈钢工具搅拌调匀，调至糊状。

（2）迅速将调制好的石膏填入残缺部位。

（3）常温下10分钟左右石膏就会发热固化成型，待石膏定型后，用金属刮刀将多余的部分清除，修正造型，打磨表面。

（4）对于器物表面的局部缺陷孔洞，可调制少量石膏进行修补打磨。

（二）石膏模补步骤

（1）准备填补材料（石膏、环氧树脂、滑石粉等）、印模材料（石膏、橡皮泥、蜡片、硅橡胶、乳胶等）、脱模剂。

（2）制作母模翻模，利用黏土或油泥制作器物缺失部分或利用与缺失部分原貌相同的部分翻模。

（3）浇筑模具，根据器物缺失部分形状采用不同的材料制作单块或多块模具。

（4）模具内壁涂抹脱模剂后，将准备好的填补材料注入模具内，待凝固后，打开模具，就获得了器物的缺失部分。

（三）塑补步骤

（1）准备塑补材料（环氧树脂"面团"，即环氧树脂与滑石粉、矿物颜料等物质的混合物）、黏结剂等。

（2）使用"面团"制作出器物缺失部分。

（3）打磨修整塑补的配补部分，使其与原器物质感相近。

（4）将塑补部分与原器物相黏结，待黏结固化后调整整体细节。

五、打底作色

（一）打底方式

（1）准备黏结剂、填充物料、矿物颜料等制作材料。

（2）制作腻子，用黏结剂、填充物料和矿物颜料调配，其颜色调至与瓷胎或釉面颜色一致。

（3）配补件与器物原件残缺处拼接后所形成的缝隙，用腻子填平（图2-21）。

（4）待固化后，再用砂纸进行打磨（图2-22）。

（二）作色

（1）准备上色材料与工具。

（2）调和颜料，直至调至与釉色完全一致。

图 2-21 陶器绳纹罐修补

图 2-22 黑釉盏修补

（3）根据实际情况，采用传统的笔涂、手绘、棉球拍等手工操作和喷绘工艺相结合的方法作底色与补绘纹饰（图 2-23）。

（4）调整细节，罩透明光漆（图 2-24）。

图 2-23　打底作色

图 2-24　白釉执壶修复

第三节　陶器修复技艺

一、陶器修复

陶器修复工艺主要包括清洗、拼合、黏结、补缺等工序。

（一）清洗

陶器按色彩来分有彩陶、灰陶、黑陶、白陶、印文陶、彩绘陶等品种。从胎质上又分为硬陶、软陶、粗陶、细陶、夹砂陶等。陶器烧制温度低，材质比较特殊，一般干洗为主，湿洗为辅。

（二）拼贴

考古发掘的陶器标本，基本都为残片，完整器很少。有些几十块甚至数百块，大的如手掌、鸡蛋，小的只有黄豆粒般大小，这类器物的拼接比较费时费工，一件器物的拼合黏结少则数日，多则数月，每一件都是费时的工作。拼贴方法有：

1. 由下至上拼合

由器物的底足开始，经腹部、颈部、口沿，一块一块逐步向上拼合黏结而成（图2-25）。

图 2-25　陶器拼贴

2. 由上至下拼合

由器物的上部口沿开始，经颈部、腹部至底足，完成各部分的拼合黏结。

3. 局部拼接

对破损严重，块数较多的器物，可先将陶器碎片按口沿、腹、颈部、底足进行分类，分别由小而大逐块拼合。对于破碎特别严重的碎片还可以逐步编号，按编号序逐块拼接。最后整体拼合成器。

（三）黏结

适用于陶器的黏合剂品种较多，有乳胶、虫胶、桃胶、明胶、502胶和环氧树脂等。

常用的环氧树脂（哥俩好）由甲、乙剂组分，甲剂为黏合剂，乙剂为固化剂，使用时甲乙两部分按比例混合，常温下凝固时间为2~3小时，若需快速固化，可用电吹风酒精灯或烤箱加热处理。

操作时选用干净的玻璃板、瓷板、珂罗版，将黏合剂环氧树脂甲、乙两组分按25∶1比例，用工具调和，将调匀的黏合剂均匀涂抹在器物拼接处，用力合拢，用绳子、皮筋固定，使其干燥凝固。现在多用胶带、热熔胶固定，方便快捷。

（四）补缺

陶器标本出土时往往残缺不全，所以黏合完成后，有残缺在所难免，这样为了器物的完整性，就需要补残缺、漏洞部分。拼合黏结后的残缺的部位需做补配复原处理。补缺材料一般采用石膏，最好是医用石膏，精细强度高（图2-26）。

补缺时，先准备医用橡皮碗、塑料碗、不锈钢碗，按所需剂量调

图2-26 陶器拼贴

和一次性用完。操作顺序是先放水后加石膏，将石膏粉均匀地放入水中，

以水浸没石膏为准，用工具搅拌调匀不得有沉淀、气泡、疙瘩等糊状，将石膏迅速填入残缺部位，速度要快，注入要准确，动作要轻。一般 10 分钟左右发热固化成型。待石膏定型后，用金属刮刀将多余的部分清除修正造型，凹凸不平处，用细砂纸打磨。若器物上还存在局部缺陷孔洞，也可调少量石膏修补直至平整，补缺即告完毕。

　　一般考古发掘品修复残缺处用白色石膏处理，使补缺处有明显的区别。有的器物需展览陈列，在视觉上要求色与原器物接近，也可在石膏粉内掺入适当的矿物材料作调色剂，使补缺处与原器物色相近，增加藏品展示的艺术效果（图 2-27 ~ 图 2-42）。

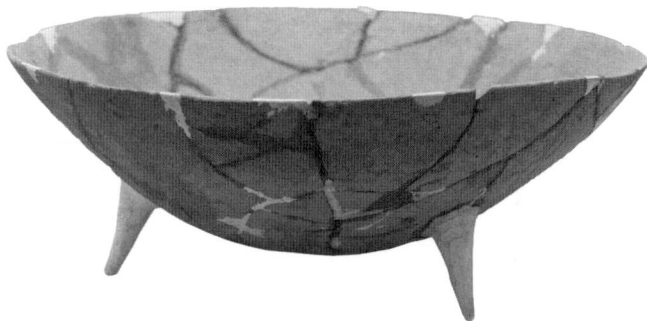

图 2-27　钵形鼎　红陶　裴李岗文化　新郑唐户遗址 F21 出土　郑州博物馆藏

图 2-28　鬲　灰陶　商代　郑州商城遗址
C9.1H118 出土　河南省文物考古研究院藏

图 2-29　罍　灰陶　二里岗文化　新郑市望京
楼遗址 H66 出土　郑州市文物考古研究院藏

图 2-30　鬹　灰陶　二里头文化
1975 年偃师二里头遗址出土　偃师商城博物馆藏

图 2-31　杯　灰陶　二里岗文化　新郑市望京
楼遗址 M32 出土　郑州市文物考古研究院藏

图 2-32　盉　灰陶　二里头文化　2002 年偃师二里头遗址出土
中国社会科学院考古研究所二里头工作队藏

图 2-33　彩陶标本　郑州博物馆藏

图 2-34　陪葬明器标本　汉代　郑州博物馆藏

图 2-35　秦始皇兵马俑发掘现场

图 2-36　秦始皇兵马俑发掘现场

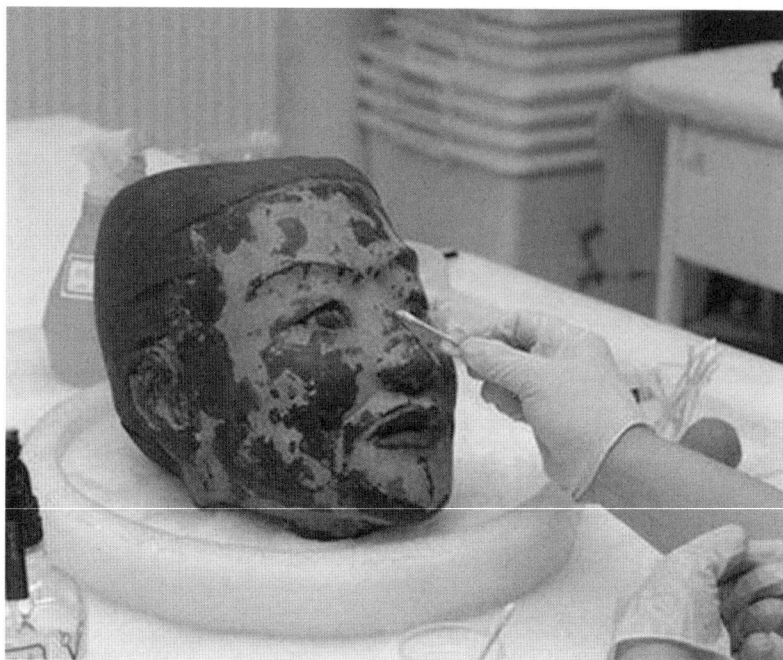

图 2-37　秦始皇兵马俑俑头修复

图 2-38　跪俑（正面）

图 2-39　跪俑（背面）

图 2-40　修复完善的秦始皇兵马俑

图 2-41　人物俑　彩绘陶　晋代　三门峡市博物馆藏

图 2-42　持盾俑　彩绘陶　北朝　安阳固岸墓地 M23 出土　郑州博物馆藏

二、彩绘陶修复

彩绘陶和陶器的修复工序清洗、拼接、补缺基本一致。区别在最后一步补色。

首先是根据彩绘陶做底色，调色泥将拼接处的缝隙填平。用透明胶（虫胶、骨胶、鱼胶、桃胶）、白乳胶调滑石粉或矿物原料调匀作腻子。用工具将腻子轻轻刮在缝隙间，晾干后用刮削或细砂纸打磨。

第二步根据效果做底色，再用明胶调矿物质颜料朱砂、石青、石绿、土红、土黄、煤黑等，用毛笔一点一点修补，保持与标本一样的风格和色泽，做出剥落陈旧的效果以恢复原有的古典雅风貌。也可以用砂纸、刮刀慢慢做。注意调胶的多少，胶多容易起皮，胶少容易脱落。颜料的调试，需加虫胶、鱼胶、骨胶和乙醇进行调和。最好有美术功底的人员参加修复工作。

三、釉陶器修复

釉陶器同样和陶器的修复工序清洗、拼接、补缺基本一致。区别也在最后一步补色上。

釉陶器属低温陶器，汉代开始出现，唐代三彩釉陶的釉色最丰富，有绿、黄、赭石、褐、白、蓝等。其特点是玻璃质感强，有光泽（图 2-43）。

釉陶器补色还是先做底色，传统用清漆、明胶或蛋清加矿物质颜料石青、石绿、土红、土黄调和，用刀具、刷子、毛笔涂抹拼接处的隙缝，待干却后再刮削或砂纸打磨，反复多次至表面光泽平滑，再用细砂布磨光。再将调好的颜料用毛笔涂抹、棉花球拍或喷枪喷绘。釉陶器的釉色具有流动感，可以用香蕉水擦拭使颜色之间扩散融合具有流动感。现在可以用丙烯颜料，用水清洗做效果，再做上锈迹斑斑的土沁，如刚出土时一般，使之保持历史的风貌（图 2-44 ~ 图 2-55）。

图 2-43 骑马女侍俑 彩绘陶 唐代 西安博物院藏

图 2-44 男侍俑 彩绘陶 唐代
西安博物院藏

图 2-45 女侍俑 彩绘陶 唐代
西安博物院藏

图 2-46　双系罐　酱釉　曹魏　安阳曹操高
陵遗址出土　河南省文物考古研究院藏

图 2-47　瓮　三彩釉陶　唐代
1992 年洛阳厂北路出土　洛阳博物馆藏

图 2-48　胡人俑　三彩釉陶　唐代
1984 年三门峡市市区唐墓出土　三门峡市博物馆藏

图 2-49　侍女俑　三彩釉陶　唐代
西安博物院藏

图 2-50　盂　白釉蓝彩　唐代　鹤壁市博物馆藏

图 2-51　马　三彩釉陶　唐代　耀州窑博物馆藏

图 2-52　马　三彩釉陶　唐代　西安博物院藏

图 2-53　刻花枕　三彩　北宋　河南省平顶山市文集出土　平顶山市博物馆藏

图 2-54　刻花盘　三彩　北宋　河南省禹州市白沙出土　开封市博物馆藏

图 2-55　双鱼形罐　三彩釉陶　唐代　耀州窑博物馆藏

四、紫砂修复

紫砂器是一种介于陶与瓷之间，不施釉的细陶器。是由胎质细腻含铁量高的特殊紫砂土烧制而成，产品有褐红、淡黄、紫黑、绿等色。烧制温度 1100°C 以上，具有不渗水，透气性好等特点。所以以茶具生产最具特色，它是中国传统茶文化和陶文化相结合的产物，是制陶工艺史上的一枝奇葩（图 2-56）。

紫砂器既有艺术性又有实用性，在使用的过程中难免碰损，特别是壶盖、壶把、口沿部位更易受损，多需修复（图 2-57 ~ 图 2-59）。

图 2-56　紫砂壶

图 2-57　紫砂壶

图 2-58　紫砂壶

图 2-59　紫砂壶

　　紫砂器修复工艺介于陶器与瓷器之间，其胎质比陶器细腻，比瓷器粗糙。紫砂器表层的保护膜俗称包浆，需仔细保存，不能因修复而破坏包浆层。在长期的使用过程中，茶垢水锈和经手抚摸产生的一层覆盖层，人工复制做旧很难达到如此效果，需保护这层自然覆盖层（图 2-60）。

　　破损紫砂器的黏结，需用无色透明且不变色的黏结剂，并加适量的矿物料混入黏结剂中调匀后黏合。黏结剂涂匀后将多余的黏结剂用棉花球蘸酒精清除干净。

　　紫砂胎体结构疏松，表面粗糙，透气性好。可以将紫砂破损料研磨做补缺腻子填充，从而达到粗糙紫砂的艺术效果。

　　紫砂破损部位一般细小，应佩戴修钟表专用的放大眼进行操作，使用医科手术工具镊子、钳子等，仔细对接黏合。

　　黏结剂中加入紫砂废料研磨的粉末，使黏合剂色与器物一致。黏结后的残余黏合剂要处理干净。残缺的部分补配材料用研磨后的紫砂末加黏结剂配制而得。在其未固化前造型补缺。最后用中草药和化学试剂做出茶垢，茶垢水锈上涂蜡做包浆。使紫砂作品整体再现（图 2-61）。

图 2-60　紫砂壶

图 2-61　紫砂壶

第四节　瓷器修复

瓷器品种多，施釉，烧制温度高，密度高不渗水。每个瓷种都有自己的特色，如官窑、哥窑的开片；青花、釉里红、五彩、粉彩、斗彩的彩绘技艺都各有千秋。一般石膏修复多用于陈展（图2-62），还有一种是原状修复，保持标本的原始状态。如何修复这就需要具体瓷种具体对待。

图 2-62　汝瓷标本　宋代　清凉寺汝窑博物馆藏

一、开片瓷修复

宋代的汝、钧、官、哥、定五大名窑，传世品不多，墓葬发现的大多有破损，价值大打折扣，所以需要精心修复，方能保持其艺术价值、经济价值。其中汝窑、官窑、哥窑修复难度最大，其技术关键是如何解决瓷器开裂纹的难题。

汝窑、官窑、哥窑施釉较厚，由于胎釉的收缩比例不同，在烧制过程造成釉面开裂，形成大小不一的裂纹，也称开片"冰裂纹"。开片有大有小，裂纹有深有浅，时间久远，小而浅的开片呈金黄色，俗称金丝；大而深的开片呈深褐色，俗称铁线；一件器物同时有深浅两色开片，称金丝铁线。哥窑开片大而深，线条粗而简练，在修复此类开片时，可用刻画或勾描的方法处理。珍珠地瓷可以用工具加工染色材料（图 2-63 ～ 图 2-69）。

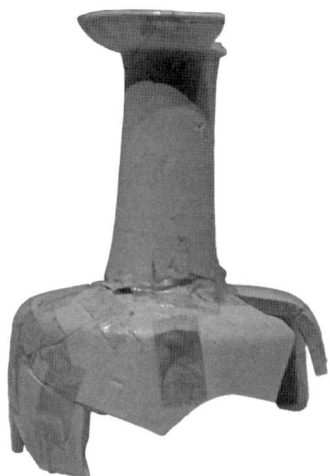

图 2-63 汝瓷棒槌瓶残片 宋代 清凉寺汝窑博物馆藏

图 2-64 莲瓣纹熏炉 汝瓷 北宋 河南省宝丰县 清凉寺汝窑遗址 C2 出土 河南省文物考古研究院藏

图 2-65 白釉珍珠地执壶宋代 登封窑博物馆藏

图 2-66 白釉珍珠地人物橄榄瓶 宋代 登封窑博物馆藏

图 2-67　龙柄鸡首壶　青瓷　北魏　2012 年洛阳衡山路北魏墓出土　洛阳市考古研究院藏

图 2-68　双龙柄壶　绿釉瓷　唐代　1992 年巩义市食品厂 1 号唐墓出土　郑州市文物考古研究院藏

图 2-69　盘口折肩瓶　汝瓷　北宋
河南省宝丰县清凉寺汝窑遗址 T2 出土　河南省文物考古研究院藏

　　一般采用无色透明的环氧树脂拼接黏合，黏结处没有错位，没有缺损，黏结处若隐若现，犹如开片，视觉效果佳，裂纹处一般无须修复。然后用瓷粉加黏结剂为补缺材料，底子打平，做出瓷釉的颜色光质，用微型刻刀轻轻刻画出瓷器表面不规则的裂纹。再调配与原器裂纹相同的颜色，填入刻出的裂纹中，擦去浮在表面的颜色，然后涂油画上光油或罩清漆。也可调配出与裂纹接近的颜色，用笔勾出所需要的开片纹饰，再喷油画上光油或罩清漆，做出裂纹的效果（图 2-70、图 2-71）。

图 2-70　汝瓷双系罐　宋代　清凉寺汝窑博物馆藏

图 2-71　汝瓷碗　宋代　宝丰汝窑博物馆藏

二、彩绘瓷修复

　　彩绘瓷是陶瓷产品的一大项，包括白底黑花、青花、粉彩、五彩、斗彩，等等。修复的基本方法与单色釉瓷没有什么区别，关键是后期彩绘方面的要求比较高，每个品种所用釉料和烧制技艺不同，最终的艺术效果也不同。所以要求修复者要认真研究原材料和艺术特征（图 2-72）。

　　首先标本残缺部位用陶瓷片去补缺，无疑是高难度的尖端修复技术，要求修复人员熟悉陶瓷制作工艺，掌握各个时期不同窑口的特点、风格、胎体和釉彩的配方，成瓷后的收缩比例，器物接茬处的处理方法和操作技

图 2-72　青花修复

术等一系列技术问题。

　　将破损陶瓷标本进行拼贴黏结，再根据残缺部位的大小形状，烧制一块陶片来填补，这是常用方法。但是技术含量比较高，修复者需要认真分析釉色成因，烧制技术，绘制技艺等。虽然有差异，但比石膏修复要强得多，如果釉色处理得好，可以达到以假乱真的视觉效果。下面以青花为例进行分析：

　　第一，对瓷器的碎片进行分类，按瓷器的类别分类，找出其中属于青花瓷的部分。

　　第二，对瓷器的碎片进行清洗，先用软毛刷等对碎片上的污物进行第一步的清洗，然后用调和的液体对其浸泡，进行第二步的清洗工作，第三步将碎片晾干或者使用其他方式使其干燥。

　　第三，对瓷器的碎片进行比对拼接，从形状特点、颜色或者上面的图案入手，有条不紊地进行碎片的拼接工作。

　　第四，对拼接的碎片进行黏接和加固工作，根据不同的瓷器的特质，采用不同的黏合剂并且采用不同的措施对碎片进行加固处理。

　　第五，对黏接好的碎片进行补配的工作。因为碎片的黏接处往往会留下缝隙或者残缺不全的部分，因此需要对这些部分进行补配的工作。一般程度上，其补配原材料需要以碎片本身的材质为依托，其补配方法要根据碎片本身的质地和需要补配的多少来决定。

第六，对补配好的瓷器进行上色和做釉的工作，这个工作一般以瓷器本身的特点为依据进行，其目的是尽量使上色、做釉和瓷器风格融为一体，上色、做釉后的瓷器和未被损坏的瓷器相一致。

第七，即最后一步，是对瓷器进行做旧的工作，对新做好的瓷器进行做旧还原工作，按照瓷器的制作、生产时间，对新做好的瓷器进行逐渐还原，使其具有原初的制作风格，使得其具有年代感。

以上这七步是一般青花瓷修复的程序，按照上述步骤操作，修复好的青花瓷不仅能焕发出其原有的生命力，而且能给历史学方面的专家研究其所属时代的社会历史特点作为参照，从青花瓷的纹饰、纹理、图案等，窥见那个时代的社会发展状况和人民的生活及娱乐方式。青花瓷的修复，不仅为我们保留了工艺品，而且也提供了青花瓷相关的研究史料（图 2-73 ~ 图 2-77）。

图 2-73　青花人物盘

图 2-74　青花长颈瓶

图 2-75　青花动物盘

图 2-76 青花执壶

图 2-77 青花梅瓶

课后思考及作业

思考：

1. 考古与陈列修复的区别与关系是什么？

2. 修复工具主要分为几种类型？各类型存在的主要用途有哪些？是否存在可替代性？

3. 修复陶器与瓷器有哪些不同点？这些不同点产生的原因主要有什么？

作业：

1. 选择自己感兴趣的一种修复方法，制定修复方案。

2. 记录自己的修复过程，撰写完整的修复报告。

陶瓷修复工艺技术

第三章　金缮工艺

金缮工艺最早起源于日本，16世纪后被广泛使用。金缮是指运用天然大漆来修复破损瓷器的修复技艺。

日本江户时代的伊藤东涯所著《蚂蝗绊茶瓯记》中描述：日本幕府将军足利义政打破了一只很喜爱的南宋龙泉窑盏，于是不远万里拿到中国锔毕，但并不是他喜欢的风格，而当时的江户时代正是漆艺技术最鼎盛的时期，于是足利义政将军便拜托当时日本技艺超凡的几位漆匠共同钻研出以天然大漆为黏合材料，经过至少7道工序后再施以纯金粉加以修饰。这里记述了金缮这项工艺的诞生，虽然陶瓷器物的金缮诞生于日本，但中国是最早利用大漆材料的，金缮就是根据大漆工艺改进而来的。

金缮工艺所使用的生漆自古以来就是很好黏着剂，天然漆具有防腐性，耐酸碱，绝缘耐热等特性，可以保护器物增加其耐久性。黏结后使用金粉装饰裂缝，一方面可以美化缺陷，同时也增加了器物的美感。

金缮不是一种单纯的修复技术，也是一种唯美意识的体现。将器物的伤痕或者破损的地方重新赋予新的意境，稍加修饰，更显珍贵。

金缮也与日本的诧寂美学密不可分，其偏好"残缺"的品位，站在欣赏"残缺之美"的角度，肯定金缮的艺术价值，形成极具特色的审美情趣，影响深远。

第一节　金缮工具

一、工具

金缮工艺常用的工具如表3-1所示。

表3-1　金缮工具

类型	名称	用途
器皿	碟子，金属调色盘等	用于盛装和调制生漆
笔刷	平刷，勾线笔等	用于勾线、髹涂、绘漆、洒金等
	木制刮板	调制生漆

陶瓷修复工艺技术

类型	名称	用途
	金属刻刀	去除杂质、污渍等
	纸胶带	固定、遮盖器物表面
	滴管	用于吸取稀释剂
	金属勺子	用于取金粉
	滤纸	大漆过滤
打磨工具	锉棒、木块、碳棒、砂纸等	用于打磨漆面

部分常用的工具呈现如图 3-1～图 3-6 所示。

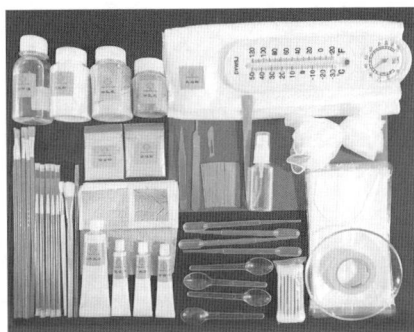

图 3-1　金缮工具

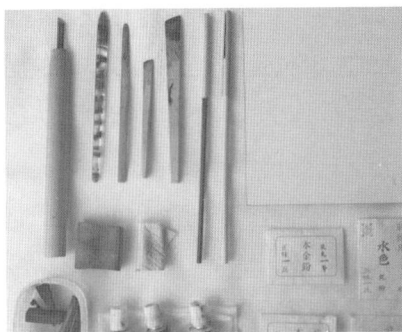

图 3-2　金缮修复工具

图 3-3　刮板

图 3-4　板刷

图 3-5　木炭

图 3-6　砂纸

二、大漆类别及用途

天然生漆是从漆树（图 3-7）中采得的漆树液（图 3-8），有大木漆树和小木漆树之分。所采集的液体不含其他化学成分，漆树液的主要成分——漆酚经过氧化后会硬化。漆树原产于中国，分布于日本等亚洲地区。生漆因其具有安全性、耐腐蚀性、防水性、不易变形等优良特质而被作为涂料和黏结剂使用，并且已经有很长的历史了。

漆液经过收集（图 3-9）、过滤杂质等工序后才能使用（图 3-10）。大漆加工工艺非常复杂，主要有以下几种：

（一）黑漆（黑推光漆）

一般采用上等原料生漆棉滤后，晾制、搅拌 6~7 天，漆液由二聚体的棕色到氧化生成三聚体的褐色时，

图 3-7　漆树

图 3-8　割漆

图 3-9　生漆收集

图 3-10　生漆过滤

加入 3%～5% 的氢氧化亚铁，继续晾制、搅拌 1 天，再移至太阳下晒制、搅拌，脱水至终点上下黑色一致即成。加铁料的同时可加 1 个猪苦胆汁（以制 10 千克黑漆为例），晒到终点趁热过滤。此漆一般用于中涂和面涂，也用于装饰描画。

（二）红推光漆

一般将生漆放入木盆再加入 15%～20% 清水，晾制、搅拌 7～8 天，经漆酶的不断催化、氧化生成三聚体，含水在 10%～15% 时漆色已成褐色，移至太阳下继续晒制、搅拌 4～6 小时漆液生成多聚体深褐色，并且上下色泽一致时即成。此漆主要用于上涂以及调制色漆使用。

（三）透明漆

透明漆是采用 7 分以上大漆加上上等油籽漆，色浅、干性好的原料生漆放入木盆掺水 10%～20%，晾制、搅拌 7～8 天加入增明剂（漆好可不加），再搅拌 1 天，移至太阳下晒制、搅拌 4～6 小时，漆液上下成深玛瑙色即成。此漆主要用于各种罩明，纹色明于外，莹澈见底。

其实生漆加工工艺是一个加热脱水的过程，其主要成分漆酚中的各种基因，相互之间都会发生不同的化学反应，从而进行初步的聚合作用，这时的漆液实际上是一种高分子聚合物的初级产品。使用这种漆所形成的膜在亮度、光泽、韧性等方面都比未加工的生漆好。还可以根据不同要求，加入桐油制作成快干漆。

1. 金地漆

又名金脚漆、金胶漆。漆中再加银朱（钛白也可）配制而成。凡贴金、上金、镂金、彩金像等都要用此漆。

2. 罩金漆

又名浓金漆、笼罩漆。此漆因桐油含量较大（50% 左右），宜于薄罩，不宜推光。

3. 厚料漆

快干漆与广油（较稀桐油）调配而成。各色髹涂用此漆调色。

4. 薄料漆

快干漆与广油调配即成。

漆液分为生漆（图 3-11）、透明漆、黑推光漆、红推光漆等，它们的使用要结合不同的髹涂手法。从漆树上割采下的漆树液为生漆，经过搅拌、精制等传统手法炼制成半透明状可用于髹涂器物的精制漆也称透明漆，可用于色漆制作。黑漆则是将精制漆与铁矿物等混合制成，主要用于中涂推光（图 3-12）。另外还有需要调和的瓦灰、米粉（图 3-13）和金粉、金箔（图 3-14）。

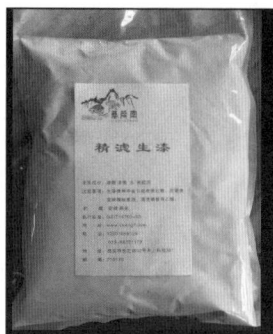

图 3-11　生漆

图 3-12　推光漆

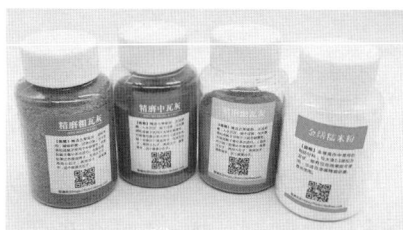

图 3-13　瓦灰、米粉

图 3-14　金粉

三、其他材料

金缮工艺所需的其他材料如表 3-2 所示。

表 3-2　金缮工艺材料

名称	用途
瓦灰	调制漆灰
瓷土	调制漆灰
面粉	调制漆灰
酒精	用于清洁器物表面污渍
樟脑油（或松节油）	笔刷清洗
金粉	金粉涂撒
橄榄油	光亮处理

第二节　金缮工艺步骤

一、清洗拼接

（一）清洗

器物在金缮前，需要对器物表面及残缺处污渍进行清洗。一般污渍可以使用清水直接刷洗，油脂类污渍可用酒精或洗涤剂蘸取后擦拭清洁，顽固污渍可以使用金属刻刀工具剔除后刷洗（图3-15）。

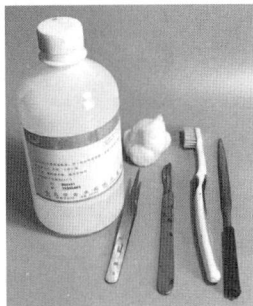

图 3-15　清洗工具

（二）修形

对于器物破损缺面呈现斜切面的边缘需要适当修形，明确边缘轮廓，避免后期填漆时出现漆面较薄，导致起翘的现象出现。

（三）配筋

器物缺口较大时，需要对缺失部分搭建骨架，再进行补漆工作。骨架的搭建可以牢固器物与补缺部分，便于填漆。

（四）拼合

对于破碎较多的器物，在清洗碎片后需要确定碎片相接关系，再进行拼合黏接（图3-16）。

图 3-16

63

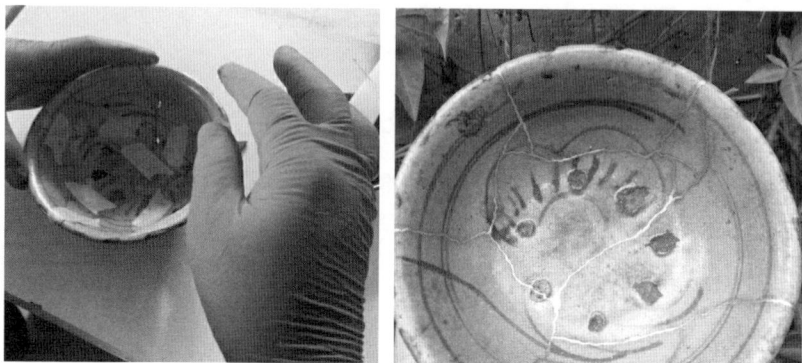

图 3-16　清洗拼合

（五）黏结

器物的黏结可以直接使用大漆黏合，但大漆含水较高，漆干后会大幅收缩，致使黏合的瓷片缝隙间交合面减少，不易牢固。所以，可以在大漆中加入一定比例的瓷土、瓦灰或面粉等混合调和制作漆灰，再用刮板刮至创面拼合。黏结后用胶带固定放至荫房，待干燥后使用工具剔除多余漆灰。

二、补缺

（一）小口补缺

器物缺欠较少时，可用底漆分层涂饰，直到修复成原来的形；大缺口通常需要分多次涂饰、堆高，重复涂饰时，要确定前次漆是否完全干燥。漆的干固过程中湿气是必要的，为加速漆的干固，通常可以放至加湿室中等待，漆要完全干固，正常大约需要 3～7 日（图 3-17、图 3-18）。

图 3-17　调制底漆

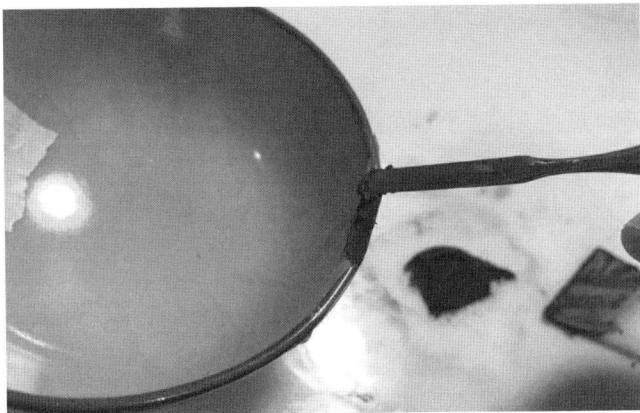

图3-18　修补破损

（二）翻模补缺

器物缺失部分较多时，可以进行翻模后，利用模具填补缺处。

三、打磨

（一）确定轮廓

补缺填漆的过程中可能会出现将缺口轮廓覆盖的情况，这就需要我们首先利用工具轻刮修出轮廓。

（二）打磨漆面

可以根据实际情况使用目数较大的耐水砂纸或木炭研磨，过程中避免伤及周围釉面，打磨平整后清理干净（图3-19、图3-20）。

图3-19　木炭研磨

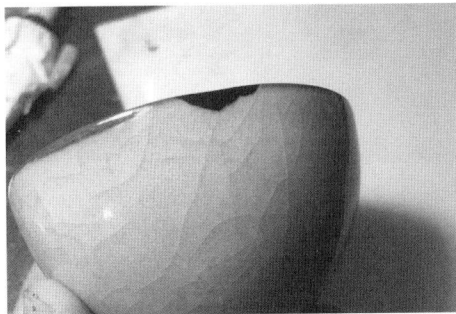

图3-20　打磨

65

四、上底漆

补缺漆灰，打磨后还需上底漆，灰胎平整，底漆一两道即可。面积较大时，可以先勾出轮廓，再用扁平刷刷漆，刷漆时需方向一致，切忌过快过重。荫房荫干后打磨，反复多次直至表面平整。

五、上金

（一）描红推光漆

描红推光漆需尽量在无尘干净的环境中进行，过程中需集中注意力，细致认真。红推光漆的用量较少，使用过程中避免污染，一般加入樟脑油稀释，便于使用。缺失较多时，先描轮廓，再用扁刷轻刷，刷匀后放入荫房（图3-21）。

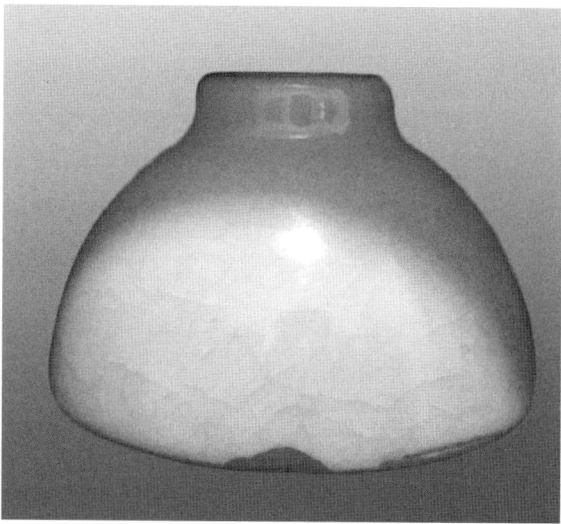

图 3-21　描红推光漆

（二）干燥

上金需要在红推光漆半干的情况下进行，所以描红推光漆后要时刻关注其干燥程度，一般干燥时间约为一两个小时，漆的干燥程度以粘手不粘漆为标准。

（三）擦金

待漆干燥到合适程度后，便可以擦金，可用笔刷蘸取金粉，轻拍漆面后涂擦多次，继续放入荫房干燥，然后擦拭多余金粉（图 3-22）。

图 3-22　上金粉

六、推光

放入荫房内荫干一到两天后沾橄榄油擦拭推光（图 3-23 ~ 图 3-26）。

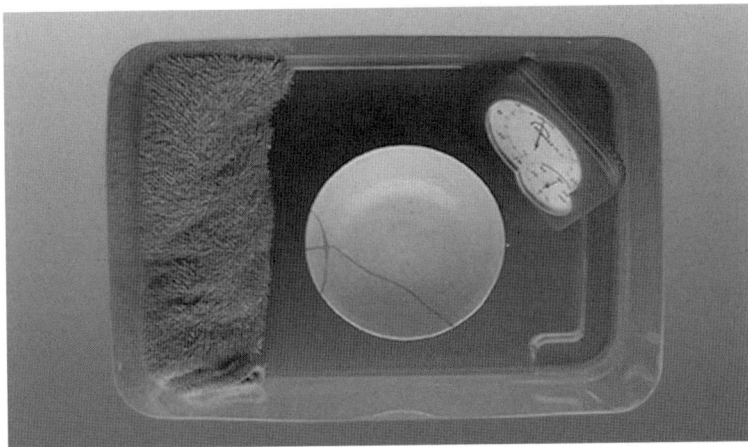

图 3-23　自制恒温恒湿箱保存

图 3-24　擦拭推光

图 3-25　金缮杯子

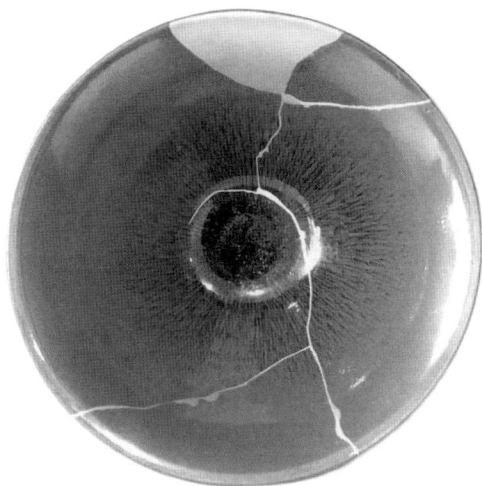

图 3-26　金缮盏

第三节　金缮修复程序

金缮修复的几种程序（图 3-27 ~ 图 3-57）。

图 3-27　破碎的杯子

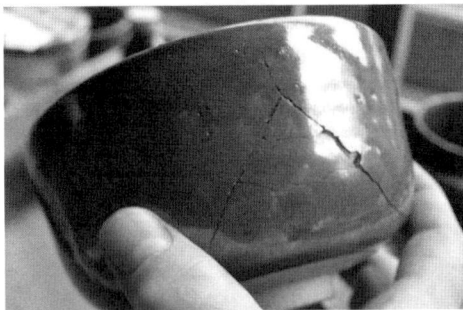

图 3-28　杯子碎片拼贴

图 3-29　面粉糯米粉调和

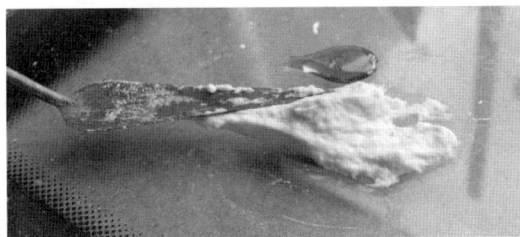

图 3-30　面粉糯米粉和生漆调和

图 3-31　黏合剂调和的黏度

图 3-32　杯子断面涂抹黏合剂

图 3-33　黏结后用绳子固定杯子标本

图 3-34　抹平刮去多余黏合剂

图 3-35　清理表面

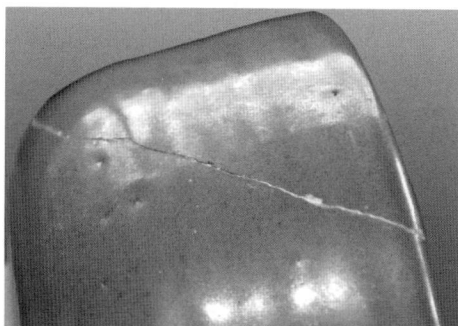

图 3-36　清理后表面状况

图 3-37　瓷土调和生漆

图 3-38　进一步填平修整接缝

图 3-39　进一步修整黏结处

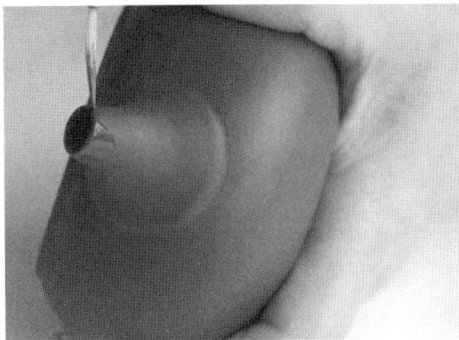

图 3-40　上红推光漆

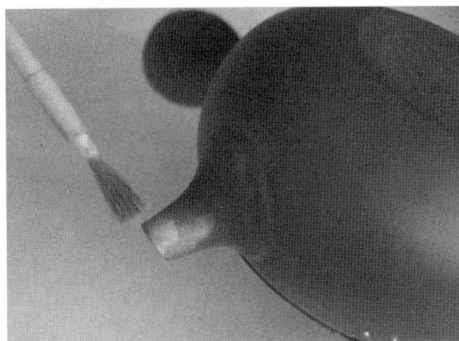

图 3-41　施金粉

图 3-42　施金粉

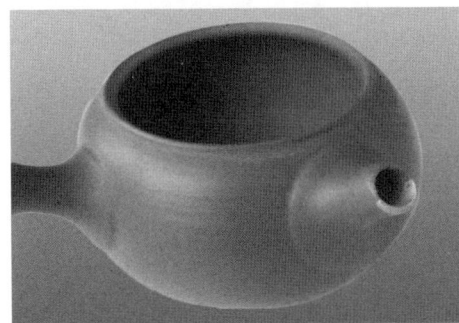

图 3-43　打磨完善

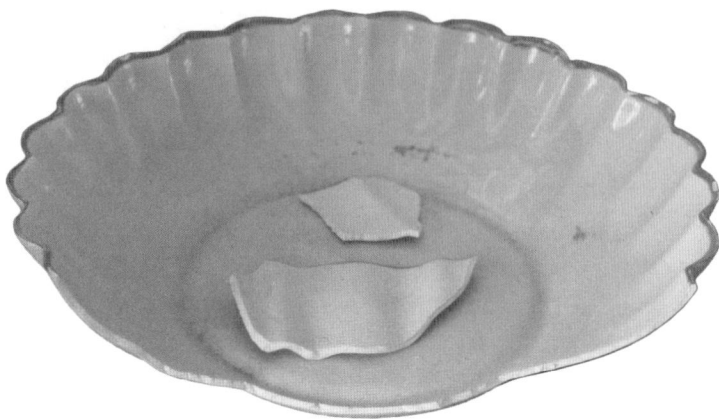

图3-44　盘残片　青瓷　五代　私人收藏

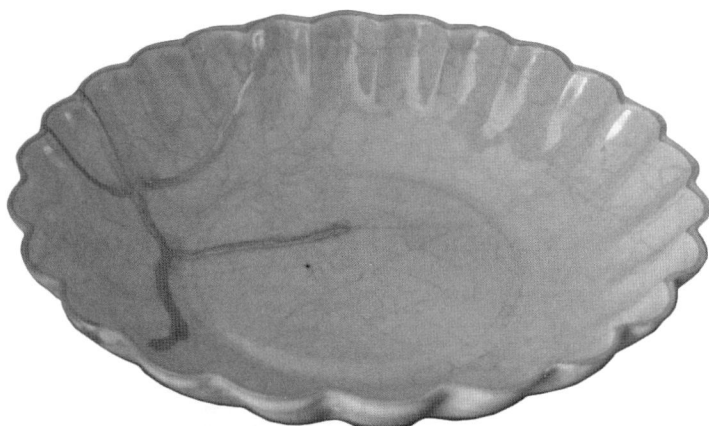

图3-45　金缮完成盘　青瓷　五代　私人收藏

图3-46　金粉

图3-47　拼贴完成

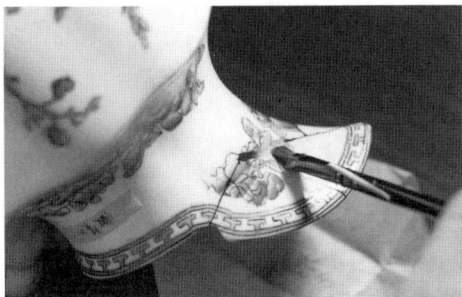

图 3-48 涂金粉

图 3-49 描金粉

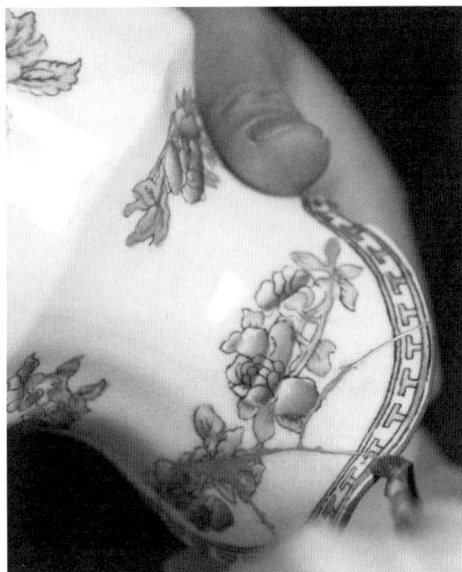

图 3-50 描金粉

图 3-51 青瓷香炉

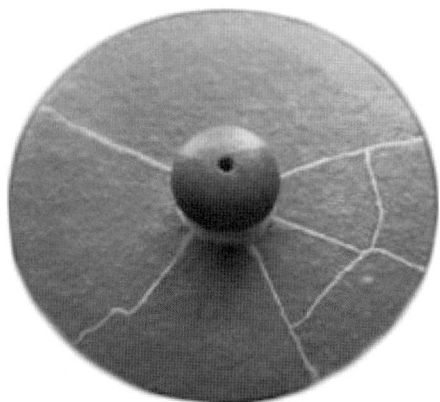

图 3-52 紫砂壶盖

图 3-53 青花五彩果盘

图 3-54　青瓷折沿洗

图 3-55　大漆修复兔毫盏

图 3-56　青瓷棒槌瓶

图 3-57　金缮提梁壶

课后思考及作业

思考：

1. 金缮产生的历史背景是什么？

2. 金缮工艺中所使用的工具与材料是否具有可替代性，替代品的主要特点有哪些？

3. 金缮工艺并不是单纯的陶瓷器物修复，它也体现了哪些美学特质？

作业：

1. 选择一件损坏的陶瓷器物，采用金缮的修复方式将其修复。

2. 记录修复过程，撰写修复报告。

第四章

铜瓷工艺

俗话说："没有金刚钻，别揽瓷器活。"说的正是我国传统陶瓷修复方法之一的锔瓷。锔瓷工艺主要是利用金属锔钉等嵌入器物表面，从而使器物裂缝紧实，使其恢复原有的使用价值。修复器物时，需先将破碎的器物拼接，再使用金刚钻等钻孔工具钻孔，钻孔对器物表面有一定破坏性，过程需谨慎细致。

锔瓷工艺产生的年代现已无法考证，但在文献记载中依然有迹可循，如元末明初的《墨娥小录》、明代的《拾青日扎》等，都有关于锔钉使用的描述。明代画家王问所绘《煮茶图》中，就有一件用锔钉修补的罐子，摆放于文人坐榻旁（图4-1）。

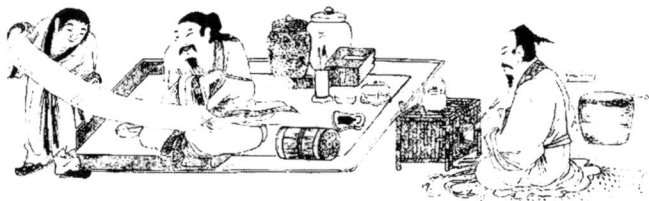

图 4-1　明代　王问《煮茶图》

锔瓷工艺的出现体现了古时瓷器在普通百姓生活中的价值，早期的锔瓷修复是以实用性为目的。发展到今天，虽然生活类瓷器价值不断降低，但锔瓷工艺仍然被保留，这与近代中国文人雅士博古之风密不可分，同时赋予更多的创意与美学价值。

锔瓷工艺本质上是锔瓷装饰与金属工艺技法的结合，将陶瓷器物残件作艺术性的修复与创新设计，融入东方美学。同金缮工艺一样，以自然为基础，透过陶瓷残片的修复回收，使材料成为时间记忆的载体，通过设计的巧妙思维赋予器物新的生命。

锔瓷工艺是民间保留的一种传统修复技艺，是在瓷器碎片上钻孔，再使用金属锔钉，将瓷器碎片重新铆钉在一起。这种修复因为技术的限制，只能恢复器物的使用功能，但是无法恢复器物原貌，而且会对胎釉造成更多损害。

第一节　锔瓷工艺的工具与材料

在锔瓷工艺中，金刚钻是最为重要的工具。明代医药学家李时珍所著的《本草纲目》中就有提到金刚钻："其砂可以钻玉补瓷，故谓之钻"（图 4-2）。

过去的金刚钻头一般都由锔瓷匠人自己制作，钻杆上切一个凹型口，再将钻石片镶卡焊接在凹槽中。除金刚钻外，锔瓷匠人们过去出门还会挑一个双柜头担子，柜中放置钻孔、锔钉等工具，沿街叫卖（图 4-3）。

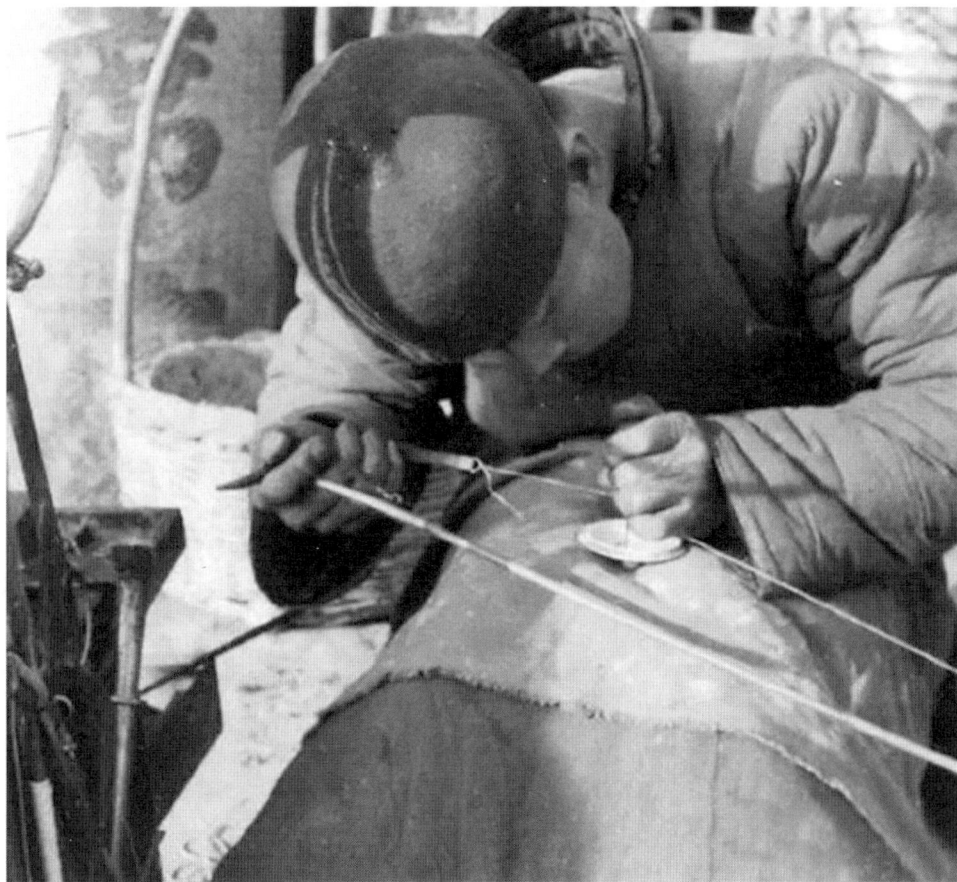

图 4-2　民国街头锔瓷匠人

图 4-3　双头柜

一、钻孔工具

锔瓷工艺中早期的钻孔工具主要包括砣钻、弓钻、皮钻等，钻孔工具的使用会因地区的不同存在差异（图 4-4、图 4-5）。锔瓷匠人也会针对不同的器物选择不同的钻孔工具。而现代钻孔工具的出现使得锔瓷工艺更加便捷，如电动手钻等（图 4-6、图 4-7）。

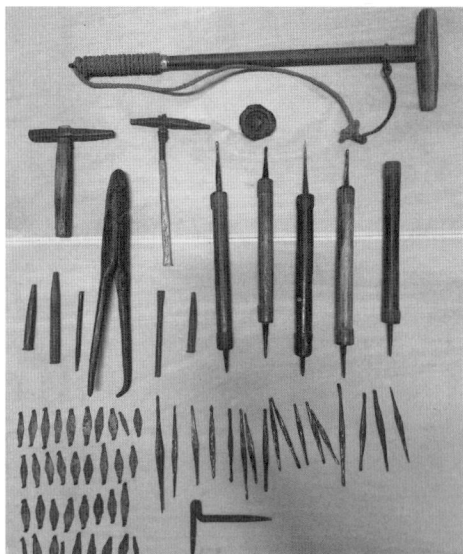

图 4-4　传统钻孔工具

陶瓷修复工艺技术

图4-6　电动钻孔工具

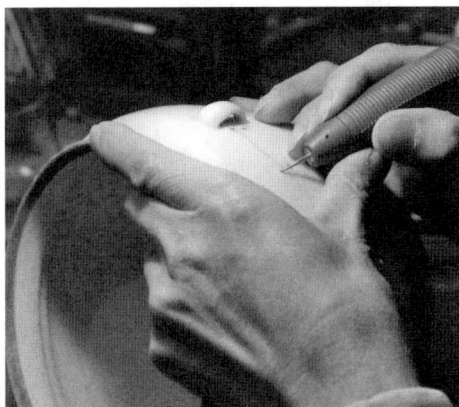

图4-5　陀钻

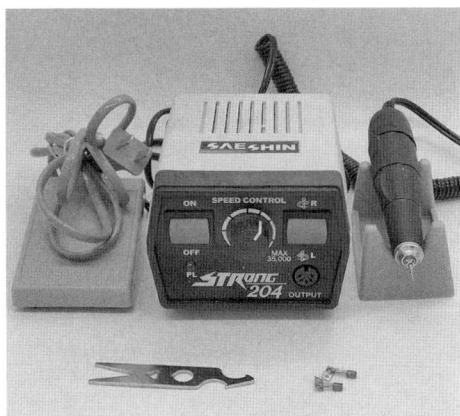

图4-7　钻孔

二、锔钉

锔钉俗称"蜈蚣钯"（宛如趴在碗上的蜈蚣）或"蚂蝗襻"（补缸的锔钉看上去就像是田里的蚂蝗虫，趴在缸上似的）。锔钉因其材质分为：金钉、银钉、铜钉、豆钉、米钉、砂钉等。在中国，锔瓷工艺中最常用的是铁锔子或铜锔子，锔瓷前需先将破碎部分拼合，然后在裂缝的两边各钻一眼，分别将两边锔脚钉入眼中，主要以锔子的金属张力来结合破碎瓷片（图4-8）。

锔钉的制作主要是在金属片上裁剪出大小合适的锯钉条，再根据需要，弯折修剪钉脚（图4-9～图4-12）。制作锯钉的工具主要包括：铁钻、针镊、毫钩、弧钩刀、锔钉钳、锤子、锔瓷分剪等。

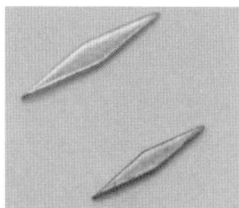

图 4-8　金属锔钉

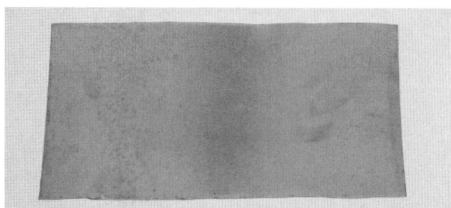

图 4-9　铜皮制作锔钉

图 4-10　剪菱形锔钉

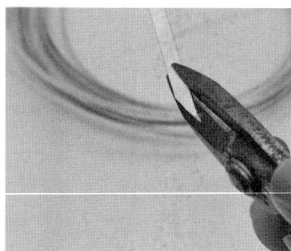

图 4-11　菱形锔钉

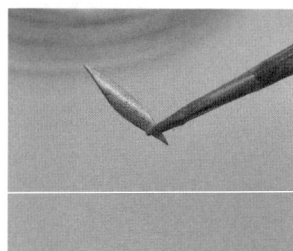

图 4-12　菱形锔钉完成

三、拼合工具

　　器物拼合后的固定一般会使用麻绳、绑绳等反复缠绕加固，防止错位跑形。器物裂缝处也可以使用糯米粉、胶水等黏合（图 4-13）。

图 4-13　拼合加固

第二节　锔瓷工艺技术

一、平锔

（一）拼合固定

同其他修复工艺一样，锔瓷前需先将器物碎片拼接对缝，轻敲器物使接缝处更加紧密。然后固定碎片，可以使用胶水黏结，也可以直接拼合，断面不上胶，以绑绳固定（图 4-14）。

图 4-14　锔钉镶嵌

（二）规划锔钉

在裂缝拼接处，标记锔钉大小及位置（图 4-15）。根据标本的纹饰结构及样式张合位置确定锔钉数量和位置。

（三）打孔钻眼

在裂缝两侧，根据锔钉大小绘制标记，确定钻孔洞眼数量。锔钉钻孔位置需宽窄参差不齐，避免后期受外力影响顺着孔洞位置出现其他裂口。然后使用工具加水研磨钻孔，孔洞深度不超过器物厚度的三分之二为宜，可内斜三十度角（图 4-16）。

图 4-15　规划锔钉

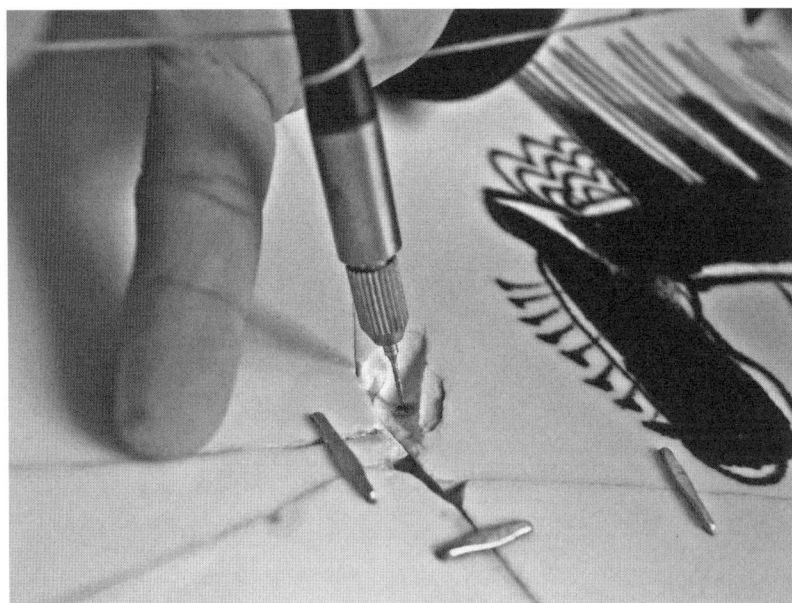

图 4-16　打孔钻眼

（四）锔钉镶嵌

锔钉制作所裁剪的金属片厚度一般为 0.5mm，宽度约 3～4mm，先裁剪为条状，再斜角裁剪为菱形，尺寸可以根据需要略有不同。

裁剪后使用平嘴钳等弯折一边钉脚，修剪钉脚长度，调整打磨，修正角度。然后将钉脚嵌入一端孔内，另一边依照打孔位置做标记，以相同方式弯折钉脚，再嵌入孔内。

轻敲锔钉，使其牢固紧实，锔钉必须紧贴瓷器表面，钉眼和裂缝中涂抹填补石灰粉等材料补充细缝。

最后使用锉刀等打磨工具修整表面造型与弧度。锔好后的作品不受影响同样可以使用（图 4-17～图 4-22）。

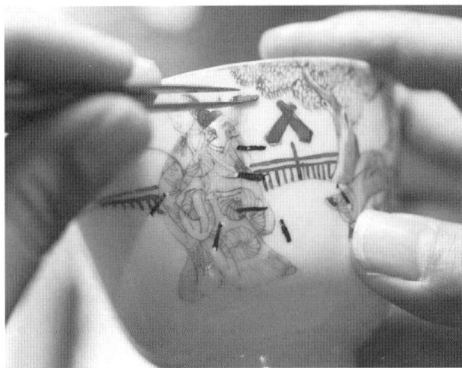

图 4-17　镶嵌锔钉

图 4-18　锔瓷修复茶杯

图 4-19　锔瓷修复茶壶

图 4-20　锔瓷修复杯子

图 4-21　锔瓷盖罐

图 4-22　锔瓷五彩帽筒

二、现代锔瓷工艺

　　锔瓷不单单是一门传统陶瓷修复技艺，更在于修复瓷器本身的价值，今天我们能将其转换成另一类艺术形式，具有独特观赏价值与艺术价值的艺术品。现在网络上可以买到各种各样的锔钉，我们买来就可以直接使用。将传统手工艺之美，传统审美与现代人们的思维意识相结合，再创作出适合现代人们审美意识的作品，虽然是嫁接，但这正是现代锔瓷工艺技术的魅力所在（图 4-23 ~ 图 4-30）。

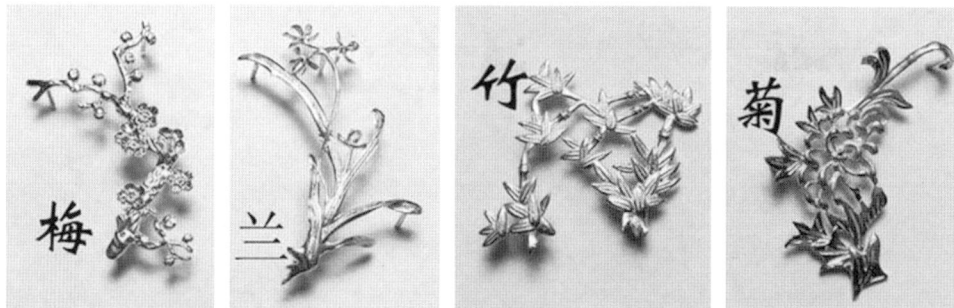

图 4-23　梅兰竹菊锔钉

图 4-24　蝴蝶铜钉

材质：铜 / 枫叶
尺寸：长 3.3cm
　　　宽 3cm

材质：铜 / 鸟儿栖上头
尺寸：长 3.0cm
　　　宽 1.5cm

材质：铜 / 梅花
尺寸：长 1.1cm
　　　宽 1.1cm

材质：铜 / 左飞燕
尺寸：长 2.0cm
　　　宽 1.7cm

材质：铜 / 光面燕子
尺寸：长 1.3cm
　　　宽 1.2cm

材质：铜 / 银杏叶
尺寸：长 2.7cm
　　　宽 2.7cm

图 4-25　花样铜钉

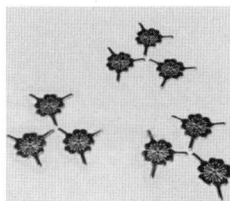

材质：铜 / 梅花铜钉
钉面：长 0.8cm×0.8cm
钉脚：宽 0.3cm

材质：铜 / 兰花铜钉
钉面：长 0.9cm×0.9cm
钉脚：宽 0.3cm

材质：铜 / 弯脚梅花铜钉
钉面：长 0.8cm×0.8cm
钉脚：宽 0.3cm

材质：铜 / 弯脚兰花铜钉
钉面：长 0.9cm×0.9cm
钉脚：宽 0.3cm

图 4-26　花样铜钉

图 4-27　现代锔瓷工艺

图 4-28　现代锔瓷工艺

图 4-29　现代锔瓷工艺

图 4-30　现代镉瓷建盏

第三节　包金银铜工艺

除用铜钉平锔外，还有其他根据不同损毁处而采用的不同处理方式的锔瓷工艺，如包边、包嘴、嵌补等。

一、材料制作

（1）选用含铜量较高的黄铜片，缓慢加热到退火温度，目的是降低黄铜硬度，然后放入软化水（软化水中含有1‰盐与1‰明矾）中急冷，使铜片保持软化状态便于使用（图4-31）。

图4-31　加热黄铜片

（2）测量壶盖内口尺寸，依照尺寸准备材料大小（图4-32）。

（3）按照大小使用圆规规划内外圆并对照调整（图4-33）。

（4）铜片下垫厚纸，沿着规划内圆，用刀切开铜片（图4-34）。

（5）使用剪刀沿圆弧修剪裁切，精细调整（图4-35）。

图4-32　测量壶盖内口尺寸

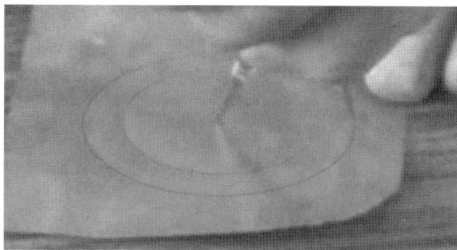

图4-33　规划内外圆

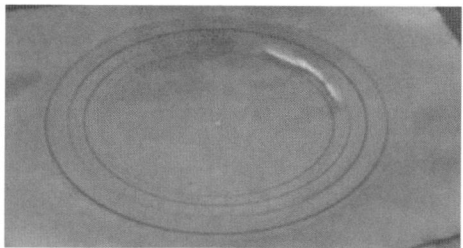

图4-34　切开铜片

图 4-35　修剪裁切

二、包边

（1）将剪切后的铜片套入壶盖内口，顶至壶盖底（图 4-36）。

（2）使用工具推挤圆边多余铜料。

（3）使用刀具切除毛边（图 4-37）。

（4）取下铜片，使用剪刀精修毛边。

（5）铜片套回壶盖，压紧细节。

（6）大剪裁切粗略外形后，小剪精修细部（图 4-38）。

（7）套回壶身，轻轻按压壶盖，推压铜片包边。

三、调整细节

（1）按照壶盖形状，推压铜包边，反复多次上下左右推压（图 4-39）。

（2）取下壶盖，内外按压直至金属贴合壶盖。

四、固定打磨

（1）使用胶水黏接壶盖金属边缘（图 4-40）。

图 4-36　顶至壶盖底

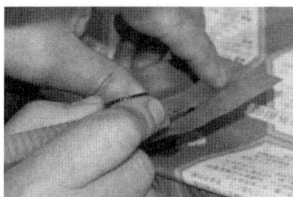

图 4-37　切除毛边

图 4-38　精修细部

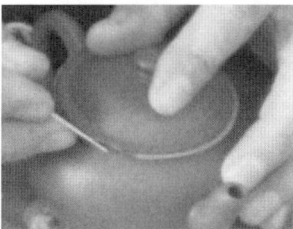

图 4-39　压紧细节

（2）使用锉刀修饰，并用砂纸打磨细节（图4-41）。

（3）泡入热水中去胶，刮除残胶，完成壶盖包边（图4-42、图4-43）。

因为陶瓷口沿、把、嘴、足部位容易磕碰，易损坏，这种包裹工艺大多在修复器物的这些地方使用。也可以和大漆、锔瓷等技术综合使用（图4-44～图4-47）。

图4-40　胶水黏接

图4-41　锉刀修饰

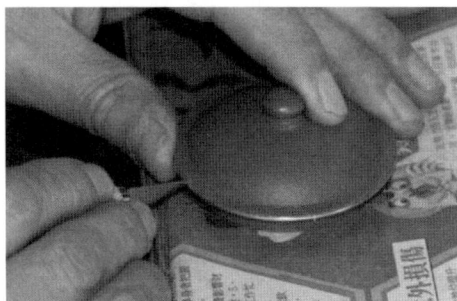

图4-42　刮除残胶

图4-43　完成壶盖包边

图4-44　包足锔钉茶杯

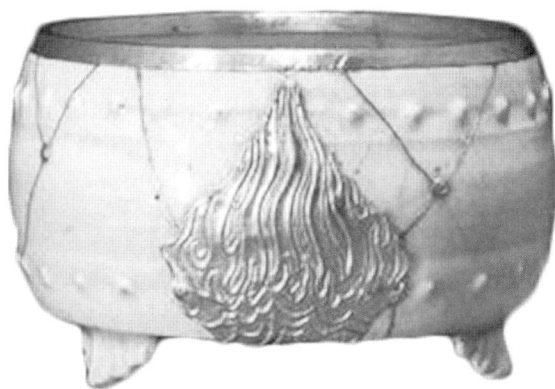

图 4-45　金包口沿铜钉三足炉

图 4-46　金包口沿建盏

图 4-47　包壶嘴壶盖

第四节　贴镶嵌补镴

一、材料制作

（1）敲花錾在金属上雕刻线条纹饰（图4-48）。

（2）剪刀剪切修整外形轮廓（图4-49）。

（3）在镶嵌位置钻斜孔，打磨出两孔间沟槽（图4-50）。

（4）金属片顺着外形按压、敲击使其服帖（图4-51）。

（5）裁切并埋入铜钉、铜片等填充物（图4-52）。

图4-48　敲花錾

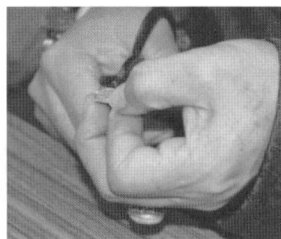

图4-49　修整外形

图4-50　钻斜孔

4-51　敲击金属片

图4-52　埋入铜钉

二、焊锡

（1）焊锡剪成小段（图4-53）。

（2）焊锡放置在焊接点的铜片上。

（3）金属片背面放焊锡与助焊剂（盐酸加锌）并加热至融化（图4-54）。

（4）缓慢加热陶瓷镶嵌点及四周，避免陶瓷炸裂（图4-55）。

（5）陶瓷镶嵌点加入锡助焊剂，粘接金属与陶瓷。

（6）加热金属，完成焊锡（图4-56）。

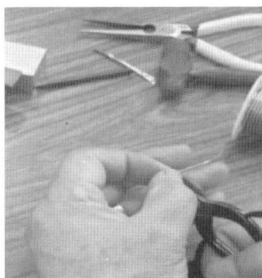

图4-53　焊锡剪小段

图4-54　放焊锡与助焊剂

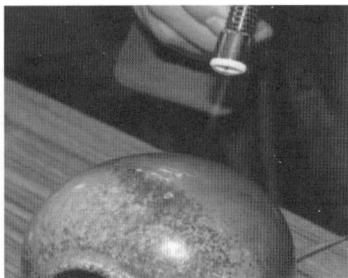

图4-55　缓慢加热陶瓷

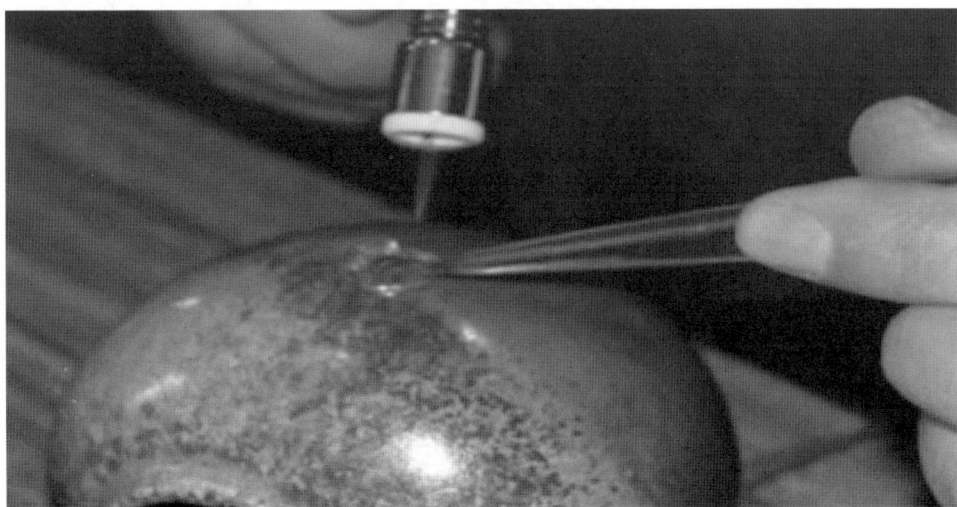

图4-56　加热金属

三、调整细节

（1）剔除溢出的焊锡（图4-57）。

（2）熟石灰粉研磨填入接缝处，抹除多余部分（图4-58）。

（3）使用胶水固粉（图4-59）。

（4）使用锉刀修饰边缘；砂纸打磨细节，完成贴镶嵌（图4-60、图4-61）。

贴镶嵌补锔工艺是一种贴、补、绘相结合，立体与平面相结合的综合性修复技艺。在当今社会非常流行，可以和金缮、木头、玻璃、石头等材料相结合，相互运用，是今后陶瓷行业的一种发展趋势（图4-62～图4-71）。

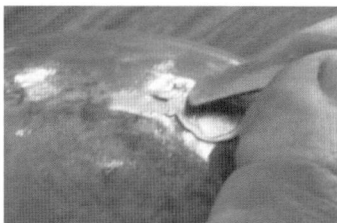

图4-57　剔除溢出的焊锡

图4-58　填入熟石灰粉

图4-59　胶水固定

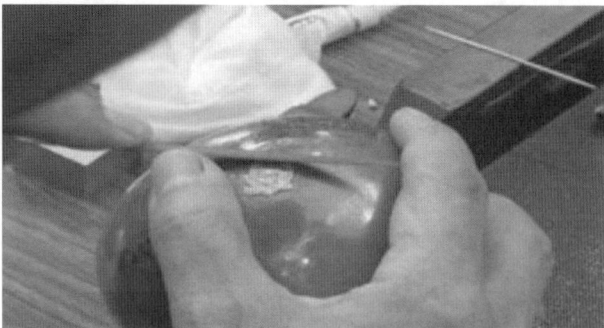

图4-60　锉刀修饰边缘

图 4-61　完成贴镶嵌

图 4-62　锔钉镶嵌工艺

图 4-63　金缮与镶嵌工艺盘

图 4-64　梅花锔钉壶

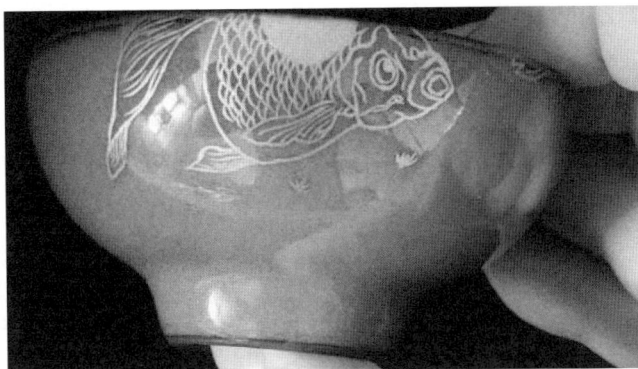

图 4-65　金缮与描绘鱼纹杯

图 4-66　枫叶锔钉杯

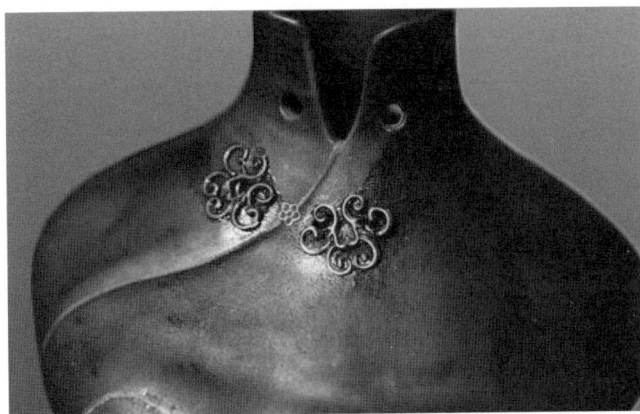

图 4-67　现代陶瓷上锔瓷技术应用

图 4-68　荷花镶嵌公道杯

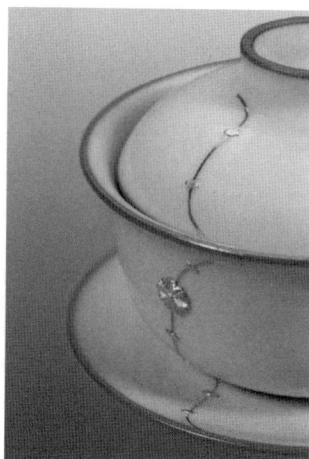
图 4-69　镶嵌铜钉盖碗

图 4-70　鱼纹镶嵌杯

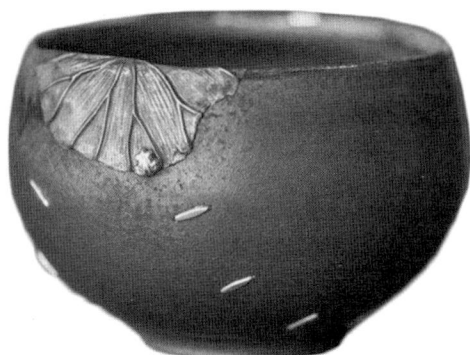
图 4-71　镶嵌铜钉修复茶杯

课后思考及作业

思考：

1. 铜瓷工艺出现的历史。

2. 铜瓷工艺主要类型有哪些？

3. 现代技术对铜瓷工艺的影响有哪些？未来铜瓷工艺的创新点在哪里？

作业：

1. 选择一件损坏的陶瓷器物，采用铜瓷工艺将其修复。

2. 记录修复过程，撰写修复报告。

第五章

特殊案例分析

第一节　应急性修复

在考古工地上，伴随遗址或墓葬发掘的进行，会出土大量文物标本，特别是陶瓷标本，大多散乱易碎，考古工地为了配合基础建设，往往需要赶进度搬运或回填恢复生态环境，文物工作者就会在现场采取应急措施进行陶瓷修复。2004年河南省文物考古研究院对当阳峪窑遗址现场发掘，在窑址中出土大量陶瓷碎片，比较混乱。当时就采用塑料胶带（图5-1~图5-4）、热熔胶、502胶、哥俩好胶黏结处理，这样搬运到文物库房或收藏地再进行第二次细致修复。如果标本残片相对完整，没有残缺，也采用同样方法应对，但不一定再次修复（图5-5、图5-6）。

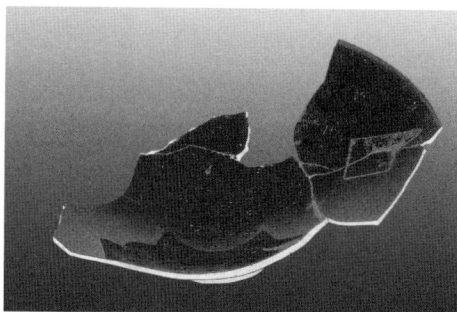

图5-1　黑釉盏　2004年当阳峪窑址出土
河南省文物考古研究院藏

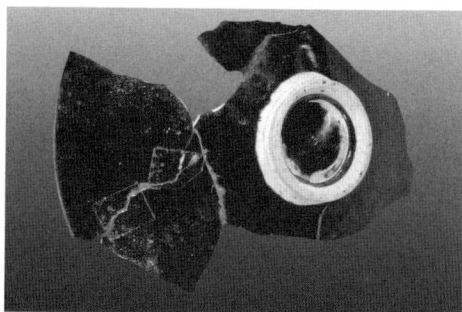

图5-2　黑釉盏　2004年当阳峪窑址出土
河南省文物考古研究院藏

图5-3　黑釉碗　2004年当阳峪窑址出土
河南省文物考古研究院藏

图5-4　黑釉碗　2004年当阳峪窑址出土
河南省文物考古研究院藏

图 5-5　白地黑花"菊花"字碗　宋代
河南省文物考古研究院藏

图 5-6　白地黑花"菊花"字碗圈足

　　还有一种情况是遗址文化层丰富，出土标本多容易混乱，需当时在考古现场进行标号拼接修复。如 2004 年陕西省考古研究院对渭南地区白水下河遗址的考古发掘，遗址出土大量陶鬲（图 5-7、图 5-8），文化层重叠，打破关系复杂，就要采取应急措施修复，将标本进行分类排列整理，为后期的研究工作做准备。为了配合三峡大坝建设，四川省宜宾市向家坝库区出土大量文物标本，很多陶器残片数量大，来回搬运容易混乱。就是现场采取应急性修复方式紧急处理，然后再搬运移动到库房保存（图 5-9、图 5-10）。

图 5-7　陶鬲　新石器时代
陕西省渭南地区白水下河遗址发掘现场

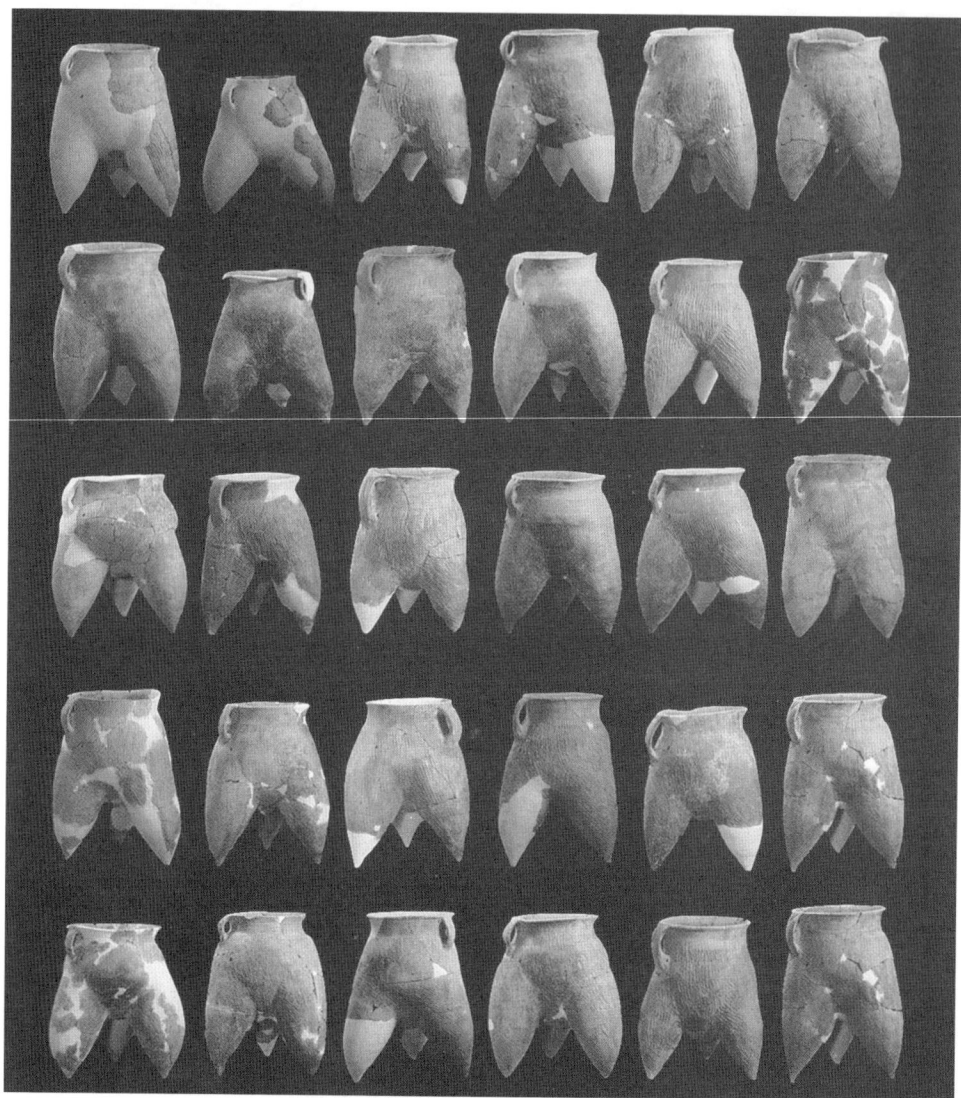

图 5-8　陶鬲　新石器时代　陕西省渭南地区白水下河遗址出土　陕西省考古研究院藏

图 5-9 石膏修复陶瓮 战国～春秋
沙坝墓地出土 宜宾市博物馆藏

图 5-10 石膏修复陶壶 战国～春秋
沙坝墓地出土 宜宾市博物馆藏

第二节　概念性修复

在古窑址和墓葬发掘中，经常会出土造型独特，器型罕见的陶塑标本，考古工作者往往参考同时代或同文化层的其他标本进行模拟修复。如图5-11所示，巩义黄道窑唐代遗址出土很多同类型的净瓶，考古工作者就根据其他净瓶的比例、样式对这批净瓶进行修复。同样，三彩釉陶弦纹尊（图5-12）也是根据同文化层出土素烧弦纹尊（图5-13）修复完成的。

登封窑博物馆藏黄釉镶嵌动物枕（图5-14）、黄釉镶嵌海石榴盘口瓶（图5-15），虽然只留有部分残片，因图案具有特殊性、代表性，修复者根据肩部的弧度，和同时代的其他器物造型比较完成修复。图5-16是上京城遗址出土的建筑三彩釉陶套兽，修复者根据左右对称原理，将其完美修复。

2006年，浙江省文物考古研究所对龙泉大窑枫洞岩窑址进行发掘，出土的元代管足鼎式炉（图5-17）、喙足鼎式炉（图5-18）造型比较特殊，

图 5-11　净瓶　三彩釉陶　唐代
巩义黄道窑遗址出土　河南省文物考古研究院藏

图 5-12　弦纹尊　三彩釉陶　唐代
巩义黄道窑遗址陶瓷　河南省文物考古研究院藏

图 5-13　弦纹尊　素烧　唐代
巩义黄道窑遗址出土　河南省文物考古研究院藏

图 5-14　黄釉镶嵌动物枕　宋代
登封窑博物馆藏

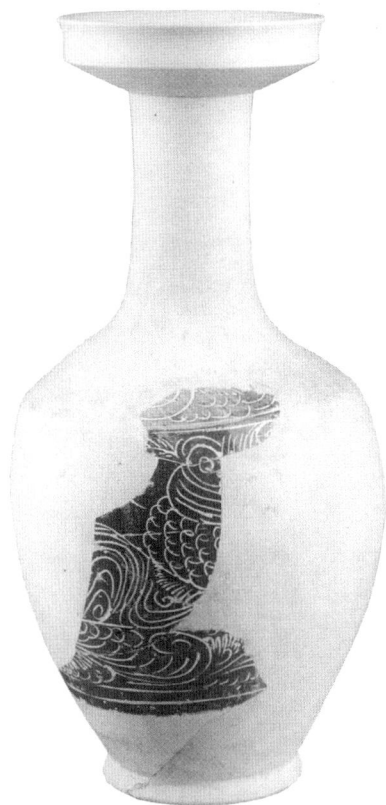

图 5-15　黄釉镶嵌海石榴盘口瓶　宋代
登封窑博物馆藏

图 5-16　三彩釉陶套兽　渤海时期
宁安渤海上京城出土　黑龙江省文物考古研究所藏

考古工作者根据香炉的左右耳饰及足部造型，对称复制，成功将香炉复原。江西省文物考古研究所对景德镇湖田窑址进行系统发掘，遗址出土大量青白釉执壶（图 5-19、图 5-20），青白釉器座（图 5-21、图 5-22），其中出土很多相同造型、类型和工艺的标本，考古工作者参考其他器物标本，将这批残破的瓷器标本完美修复成型，所有这些都是考古修复的成果案例。

图 5-17　管足鼎式炉　元代　龙泉大窑枫洞岩窑址出土　浙江省文物考古研究所藏

图 5-18　喙足鼎式炉　元代　龙泉大窑枫洞岩窑址出土　浙江省文物考古研究所藏

图 5-19　青白釉执壶　宋代　景德镇湖田窑遗址出土　江西省文物考古研究所藏

图 5-20　青白釉执壶　宋代　景德镇湖田窑遗址出土　江西省文物考古研究所藏

图 5-21　青白釉器座　宋代　景德镇湖田窑遗
址出土　江西省文物考古研究所藏

图 5-22　青白釉器座　宋代
景德镇湖田窑遗址出土　江西省文物考古研究所藏

第三节　商业修复

　　商业修复主要是金缮和锔瓷。没有一个特定的要求和标准，一般不作为展览和交易目的，多是由标本的持有者委托修复。而且根据人们的要求，可以通过现代审美意识和艺术语言给予器物第二次生命。如小型破损一般采用天然大漆黏合，表面再敷以金粉或者金箔修补装饰，因天然大漆不会造成化学污染，且金粉装饰性较强，可供继续使用把玩（图 5-23 ～ 图 5-32）。锔钉修复是对破损比较大、裂痕长的器物进行修补，根据顾客要求，用大漆黏结锔钉固定的方法比较稳妥（图 5-33、图 5-34）。

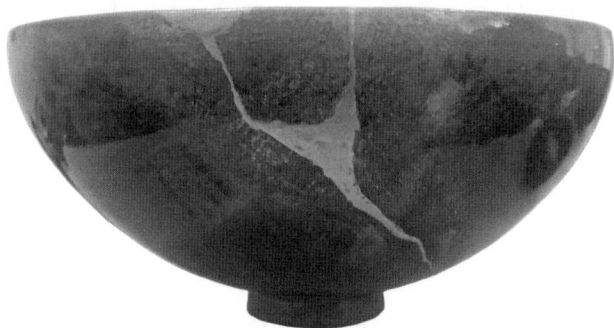

图 5-23　钧瓷金缮鸡心碗

图 5-24　陶瓷金缮手镯

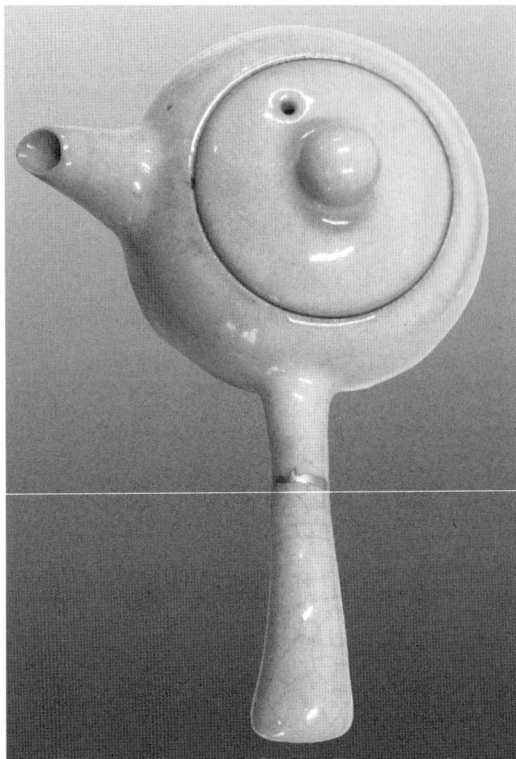

图 5-25　汝瓷金缮壶把

图 5-26　高丽青瓷金缮瓶口

陶瓷修复工艺技术

图 5-27　青花金缮花盘

图 5-28　花瓷金缮修复盆

图 5-29　青花过江龙金缮盘

图 5-30　大漆修复青花盘

陶瓷修复工艺技术

图 5-31　大漆修复青花盘

图 5-32　大漆修复青花提篮盘

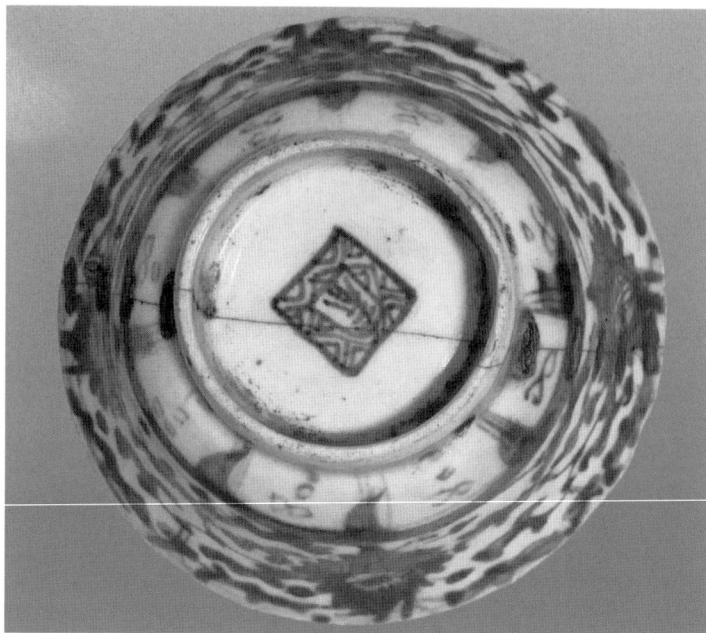

图 5-33　锔钉修复青花碗

图 5-34　锔钉修复五彩碗

　　现在，另有通过锔钉纹样装饰和镶嵌技艺相结合，改变陶瓷标本原貌和属性的新型艺术形式，在年轻人群中很受欢迎（图 5-35 ~ 图 5-40）。此外，还催生出仿照陶瓷修复技艺的样式直接生产陶瓷装饰挂件的厂家企业（图 5-41）。

图 5-35　瓷镶嵌挂件

图 5-36　陶瓷镶嵌挂件

图 5-37　陶瓷镶嵌挂件

图 5-38　陶瓷镶嵌挂件

图 5-39　陶瓷镶嵌挂件

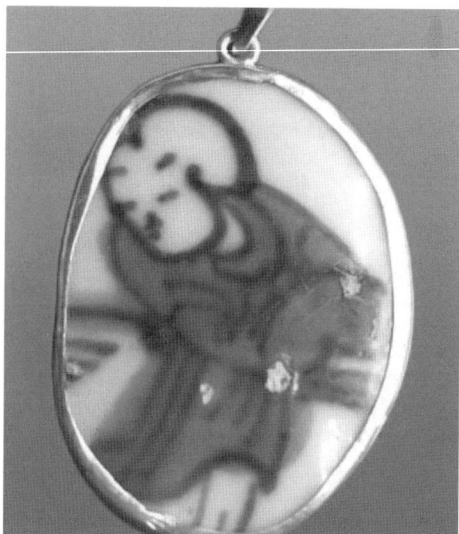

图 5-40　陶瓷镶嵌挂件

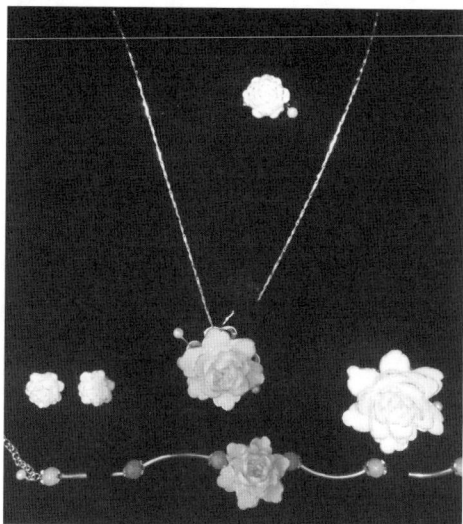

图 5-41　镶嵌牡丹瓷挂件

课后思考及作业

思考：

1. 陶瓷修复存在的作用及意义是什么？

2. 未来陶瓷修复工艺的发展方向是什么？

3. 结合现实社会中技艺传承的困境，思考陶瓷修复匠人修复传承存在的问题及解决方式？

作业：

通过自己所作的修复实例，分析在陶瓷修复过程中存在的不足，提出改进建议。

参考文献

[1] 蓝浦，郑廷桂.景德镇陶录校注 [M].欧阳琛，周秋生，校.南昌：江西人民出版社，1996.

[2] 毛小沪.古陶瓷修复 [M].北京：文物出版社，1993.

[3] 贾文忠.文物修复与复制 [M].北京：中国农业科技出版社，1996.

[4] 江湘芸，等.产品模型制作 [M].北京：北京理工大学出版社，2005.

[5] 蒋道银.古陶瓷修复技艺 [M].上海：上海古籍出版社，2012.

[6] 杨植震，俞蕙，陈刚，等.古陶瓷修复研究 [M].上海：复旦大学出版社，2016.

[7] 徐圆圆.中国古陶瓷修复研究 [M].南京：江苏凤凰美术出版社，2017.

[8] 俞蕙，杨植震.古陶瓷修复基础 [M].上海：复旦大学出版社，2017.

[9] 十时启悦，工藤茂喜，西川荣明.漆器髹涂·装饰·修缮技法全书 [M].北京：化学工业出版社，2018.

[10] 中村邦夫.金缮手账 [M].南京：江苏凤凰文艺出版社，2018.

后记

陶瓷修复体现着我们对文物的保护，对器物的怜惜，对审美的追求。考古修复、陈列展示修复其目的在于还原器物本来面貌，便于我们对器物的理解认识；而金缮与锔瓷修复则更加注重艺术性的再造，这不能单纯地看作是匠人工艺，它更体现着修复者的艺术创作能力。

我们看到许多传统工艺发展到今天，面临着后继无人的困境，许多传统工艺技术没有得到很好的传承，这是历史的遗憾，也是我们的失责。所以，我们将陶瓷修复的这些传统技法，以及多种修复方式整理于一本书之中，便是想使这些承袭历史而来的陶瓷修复方式被记录、被保护并得以发扬光大。

古老的修复技艺是历史文化遗产，也是连接传统文化的桥梁，希望学生通过本书的阅读，可以亲自体验器物的修复与工艺艺术，提高对传统文化与古代文物的传承和保护意识，使我们在现实生活中做到爱物惜物，甚至达到疗愈心灵的效果。

在本书编写过程中，笔者查阅搜集了大量陶瓷修复技艺的相关资料，许多工艺技法都有所考究。但也会因为经验有限，存在不少问题、疏漏，在此竭诚希望得到广大读者，特别是选择本书作为教材的老师和同学们的批评指正。